脊振山系徹底踏査！

チーム・N 編

ふるさとの山を
もっと深く知るために

海鳥社

身近にある山だからこそ
繰り返し登ることの意味

視線を上げて遠くを眺める。人はそうやって場所や位置を確かめてきた。もっと突っ込んでいえば、己の在るべき場所、帰るべき場所としての風景を心に焼きつけてきた。それを原風景と呼ぶならば、平地の少ないわが国においては、多くの人の心に山のある風景が必ずと言っていいほど刷り込まれていることだろう。

あるいはまた、額に汗して登り、目指す頂に立って心に満つるのは、なにも達成感や充実感ばかりではない。眼前に広がる大きな風景に心を震わせ、ちっぽけな存在としての己を知ることもある。なにかのおりにふと脳裏に浮かぶ風景としての山への想いと、その山の頂に立つ際の感慨は異なるけれど、いずれの場合も遠くを眺めることで受け取る恩恵と言っていい。

思えば、山に登るという行為は自然の中に我が身と心をさらすことである。ときには優しく、ときには厳しい自然の中で心を解き放ち、感じたこと、見つけたこと、気づいたことを大切にしたいと思う。

仕事が忙しくても、それらを思い出せばきっと元気になれるだろう。日常の些事や人間関係に疲れたら、また山に行けばいい。身近にいつも変わらずに迎えてくれる山がある。これほど心強いことはない。脊振山系は、福岡・佐賀両県民にとってそんなかけがえのない山だと思う。

しかも、この山系は長大だ。西の十坊山から東の基山まで全長約70キロ。その間にピークもルートも多数ある。加えて、思いのほか自然豊か。だから、何度登っても飽きない。それどころか、登るたびに新しい発見や気づきがある。

世の中には金に換算できないものがいっぱいある。政治家が唱える経済成長なんかよりはるかに大切なものも少なくない。登山道脇で微笑む一輪の花しかり。蜜を求めて花に集まる虫しかり。

どんな人にとっても空が青いように、自然はどんな人にも等しく輝いている。その事実に思い至るとき、自然が守るべき大切なものとして心に宿るのではなかろうか。知ること、見ること、心で感じること。それなくして自然が貴重な財産であるという認識は生まれない。

身近にある脊振山系だからこそ繰り返し登ってそのことを確かめたい。本書がそのための一助となれば幸いである。

脊振山系
徹底踏査！

CONTENTS

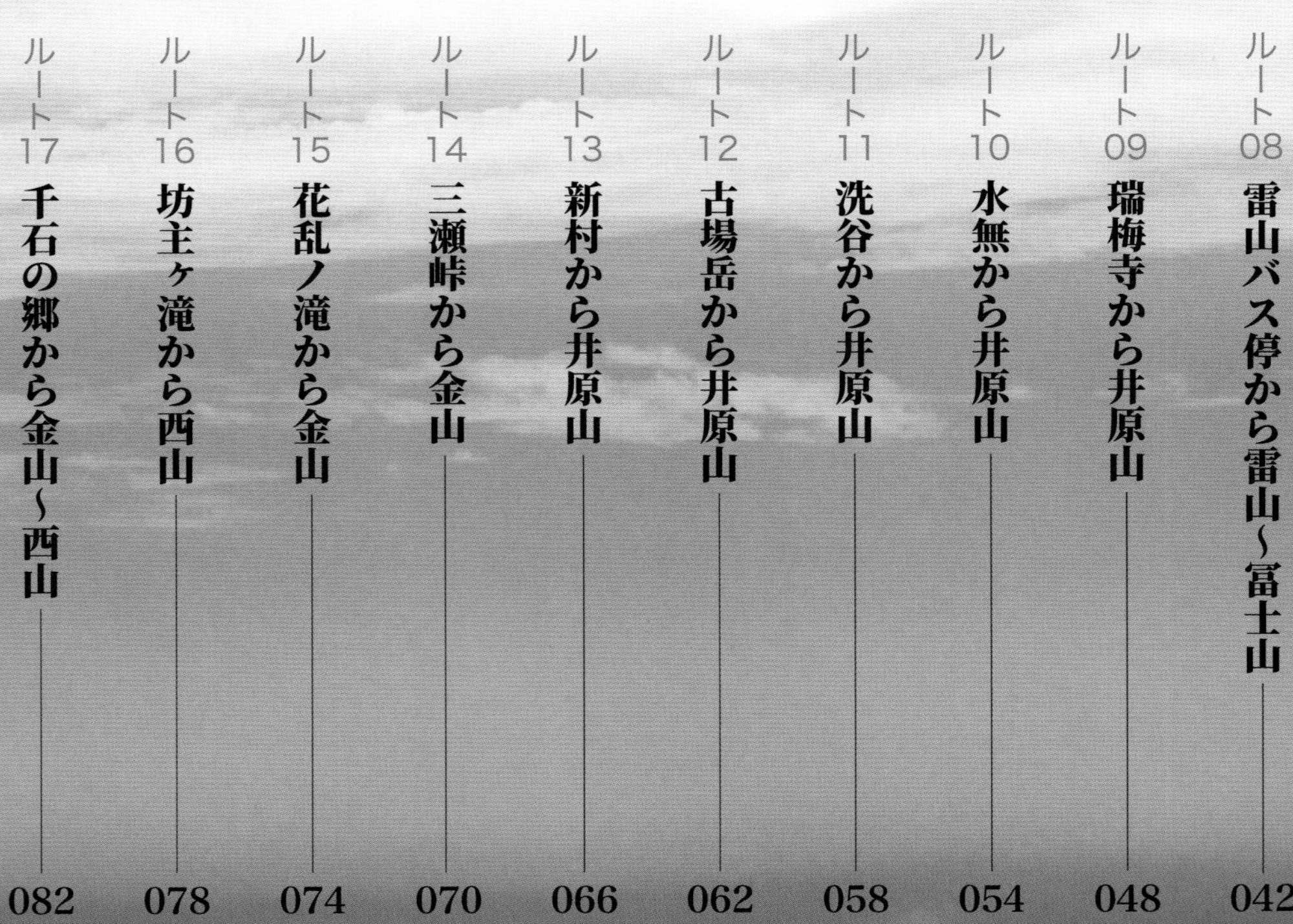

脊振山系徹底踏査！

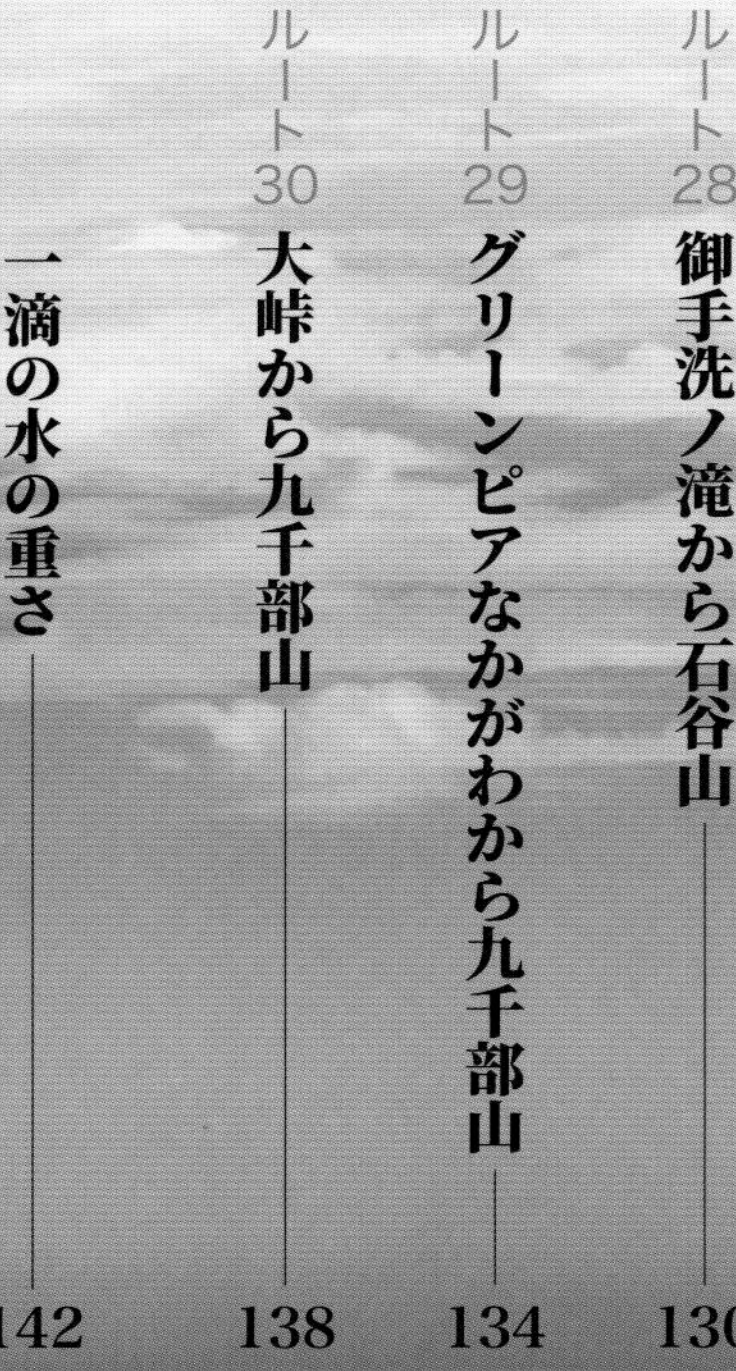

＊表記について

山名や地名は、国土地理院発行の地形図の表記に従っています。ただし、地元や登山者の間に広く定着している表記を一部用いています。「菅生の滝」などの漢字に挟まれた「の」は、前後にカタカナのない限り「ノ」と表記しています。読みについては、原則として三省堂発行の『日本山名事典』によっていますが、表記同様地元で慣習的に使われている呼称や登山者の間に広く定着している呼称を一部用いています。

＊標高について

掲載したピークは、原則として国土地理院の「電子ポータルサイト」の地形図に従っています。三角点、標高点のないピークについては、地形図から読み取れる標高を採用しています。ただし、場合によっては、慣習的に使われている標高や地元自治体等の測量による標高を採用しています。

本書の使い方

本書は、福岡と佐賀の県境にまたがる脊振山系の主要な山に登るためのガイドブックです。最大のコンセプトは「安全に楽しく！」。これに尽きます。

善かれ悪しかれ、インターネットがなくてはならないものとなった今、山の情報は各種ホームページ、ブログ、SNS（ソーシャル・ネットワーキング・サービス）等を通じて瞬時に、かつ手軽に入手できるようになりました。

しかしながら、ネットにあふれている情報は、よくいわれるように玉石混交。とても役に立つ情報もあれば、そうではないものもたくさんあります。

こと山の情報に限れば、後者を鵜呑みにすると、現場で痛いめに遭い兼ねません。最悪の場合、取り返しのつかない事態を出来（しゅったい）する恐れさえあります。

というのも、自然相手の山登りの場合、同じ山でも天候一つで状況は一変します。加えて、情報を発信する側と受け取る側の経験、知識、技量、体力、嗜好などが異なるのは当然で、その落差によっては向き合う山の難易も大きく変わります。まして、ネット情報の多くは、受け手のことを考えて発信されているわけではありません。

そうした現状を踏まえ、本書は「安全に楽しく！」脊振山系の山々を歩いてもらうことを意識して作りました。分岐や危険箇所はもとより、標高差や傾斜の緩急などを含めて、できる限り分かりやすくルートを解説しています。

●地図について

紹介したルートについては、すべて国土地理院の2万5000分の1地形図を使用し、赤の実線と最低限必要と思われるデータを記入しています。

併せて、緑の波線でその他の歩けるルートを掲載しています。これは、エスケープルートとしての利用、および読者のみなさんが紹介ルート以外の山行プランを練る際に役立ててほしいとの思いからです。

赤の実線、緑の波線ともに現地へ足を運び、実際に歩いたGPSデータを基に描いていますが、GPSの精度的誤差、および地図作成上の物理的な制約のため、現地の登山道を正確に表現しているわけではありません。大まかな目安と考え、実際の山行ではGPSアプリ等を活用してください。

なお、台風や集中豪雨などの災害によって登山道が消失したり、林道が崩壊したりすることがあります。通行できない場合は、無理をせず、撤退しましょう。

●参考タイム

同じルートでも経験、知識、技量、体力、あるいは歩き方のスタイルが異なれば、当然タイムは変わります。ですから、参考程度に留めてください。幾分余裕を持たせて、ゆっくりめに設定しています。休憩時間は含みません。

地図凡例

- ―― ＝当該ルート
- ‥‥ ＝その他のルート
- ● ＝ルートの基点
- 水 ＝水場
- 3 ＝国道
- 52 ＝県道
- × ＝明らかに歩けない登山道

マップコードを活用しよう！

＊山行データに掲載している「MAPCODE（マップコード）」をカーナビに入力すれば、目的地設定が簡単です。

《入力例》

❶ 「メニュー」
↓
「目的地」
↓
「マップコード」を選ぶ。

目的地
住所　電話　地名
ジャンル　緯度経度　マップコード
選択！

❷ 入力画面にてマップコードの数字と記号を順番に入力する。スペースは無視してOK。
入力後、「検索」を選ぶと画面に目的地が示される→案内開始。

123456789*00
入力
1 2 3
4 5 6
7 8 9
＊ 0　検索
選択！

・マップコードによる目的地設定はカーナビの機種によって異なります。詳細につきましては、取扱説明書をご覧ください。
・マップコードに対応していないカーナビもあります。また、対応していても、高精度マップコード（＊以下の数字）に対応していないことがあります。
・マップコードで目的地を設定しても、実際の位置とは誤差が生じる場合があります。

＊「マップコード」および「MAPCODE」は（株）デンソーの登録商標です。

旬彩の脊振山系

オオキツネノカミソリの一大群生地として名を馳せる井原山の水無谷。真夏の脊振山系の名所である。

1

❶水無谷のヤマザクラ／❷渓谷を彩るヒメレンゲ／❸5月初旬はこの花、ラショウモンカズラ／❹春の主役、ニリンソウ／❺小さくても健気な姿についみとれてしまうトウゴクサバノオ／❻脊振山系を歩けば所々で心和む渓流と出合う／❼道案内してくれる岩の上のケルン。

3

4

2

❶美しい森があるから何度でも足を向けたくなる／❷コバノミツバツツジ。群生もいいが、緑に溶ける姿にも風情がある／❸頭上を飾るオオカメノキの花／❹縦走路から鬼ヶ鼻岩、猟師岩山、金山を望む／❺椎原峠ルートにあるメタセコイア林の黄葉／❻脊振山の山頂直下にある木道の秋景色／❼ケヤキの落ち葉で包まれる晩秋の車谷／❽青空の下、雪化粧した雷山山頂。

01

まむしの湯から十坊山（往復）

＊子ども連れOK！　安心して歩ける

大岩が鎮座する山頂に360度の大展望が待っている

全長70キロを誇る脊振山系の西端のピークが十坊山である。山名は、かつて浮嶽にあった久安寺の属坊がこの山に十坊開かれていたことに由来する。大岩（坊主岩）が鎮座する三等三角点の頂は360度の大展望を誇り、平日でも登山者が絶えないほど人気が高い。

最短ルートは福岡と佐賀の県境に位置する白木峠からであるが、往復一時間もかからず、山歩きの妙味は薄い。北側の糸島市二丈福吉から登るメインルートを案内しよう。

電車を利用してJR福吉駅から歩く場合は、県道143号沿いにある「中村登山口」の道標から右の市道に入る。周辺にはミカン畑が広がり、そのための作業道や林道が入り組んでいるが、各分岐には道標が立っている。

マイカーの場合は、入浴施設「まむしの湯」が無料で開放している第三駐車場を起点とする。前述の「中村登山口」の道標まで戻ってもいいが、浅井田集落を抜けるほうが早い。

第三駐車場から県道を渡って左を取り、「浮岳茶寮／オーベルジュ山ぼうし」の看板を目印にすぐ右へ折れる。突き当たりの三差路を左折（左角に吉井上公民館あり）し、次の三差路は右を取って橋を渡る。

道なりに進むと、浅井田谷川に架かる新浅井田橋に出合う。この手前で右へ折れ、前方に砂防堤を見ながら舗装路を登ってゆく。ここまで道標はないから地図を見ながら慎重に歩こう。

5、6分ほどで三差路に出合い、ここで初めて「十坊山登山口②」の道標に出合う。左を取るとすぐにまた三差路で、今度は右へ。あとは道なりに進めば、右手に中村登山口から上がってきた道を合わせた先で取りつき点にたどり着く。第三駐車場からここまで所用40分前後である。

取りつき点から山頂までは、山頂直下に鹿家（しかが）分岐があるだけでほぼ一本道。迷う所はない。右手（西側）はほとんど植林、左手も植林がちらほら交じる。

そのため植生は豊かとは言い難い。シイ、カシ、タブノキ、ヒサカキ、アオキといった照葉樹を主体とする森で、日中でも薄暗く、木洩れ陽が射す中、足下にはハナミョウガ、フユイチゴ、ジャノヒゲ、ヤブラン、シダ類が目立つ。

取りついて10分足らずで

まむしの湯。露天風呂、ジェットバス、うたせ湯など充実した施設が人気。

まむしの湯の第三駐車場。ここから県道 143 号を渡って左へ進む。

新浅井田橋の手前から右折。正面の砂防堤が目印。

点在する大小の岩の間を抜け、緩く登ってゆく。鹿家分岐まではときおり平坦地が現れるためさほど苦労しない。だが、山頂直下に標高差約100メートルの急登が待ち受けている。ここをしのぎ、頭上が開けたら間もなく坊主岩が鎮座する山頂へ飛び出す。

砂防堤の上部にある三差路。ここで初めて道標に遭遇する。左を取る。

鹿家分岐までは所々に平坦な尾根があり、呼吸を整えやすい。

十坊山の取りつき点。スタート地点の第三駐車場からここまで所用 40 分前後。

十坊山の山頂にある坊主岩。クサリを使えば、簡単に登ることができる。

ザックを下ろしたら、まずはクサリを頼りに坊主岩によじ登って大きな展望を満喫しよう。とりわけ玄界灘や唐津湾の眺めは絶品だ。空気が澄んだ日には壱岐の向こうに対馬の島影を望むこともある。

　復路は往路を戻るが、山麓で迷わないように注意したい。下山後は、駐車場のお礼を兼ねてまむしの湯で汗を流して帰ろう。

鹿家分岐。JR 鹿家駅からギャラリー樹庵、「相思の桜」を経るルート。トレースの薄い部分があり、下りよりも上りで使うほうが分かりやすい。

山行アドバイス

①取りつき点までが思いのほか長く、分かりにくい。果樹園用の作業道や林道が入り組んでいるから、山麓で迷う人が少なくない。最も分かりやすいのは、各分岐点に道標が整備されている県道１４３号沿いの中村登山口から。まむしの湯第三駐車場からは、県道を少し戻ることになる。

②取りつき点〜山頂間は明瞭な登山道に加えて、特に危険な所もない。山登りを始めたばかりの超ビギナーには白木峠からの往復がおすすめ。片道30分ほどで大展望を楽しめる。

鹿家分岐をすぎると最後の急登が待っている。標高差は約 100 メートル。焦らずゆっくり登ろう。

十坊山山頂の三等三角点(手前)と山頂標識。３６０度ぐるり見渡せる。

県道 143 号沿いにある「中村登山口」の道標。第三駐車場から浅井田集落を抜けるほうが早いが、道が分かりやすいのはこちらから。

山行データ

標高	十坊山＝535.2m
単純標高差	約 505m
歩行時間の目安	約 2 時間 45 分
緯度経度（スタート地点）	33 度 29 分 18.96 秒 130 度 4 分 29.10 秒
MAPCODE®	182 564 154*16

■参考タイム

まむしの湯第三駐車場～ 10 分～新浅井田橋～ 25 分～取りつき点～ 40 ～鹿家分岐～ 15 分～十坊山～ 10 分～鹿家分岐～ 35 分～取りつき点～ 20 分～新浅井田橋～ 10 分～まむしの湯第三駐車場（往路＝1 時間 30 分／復路＝1 時間 15 分）

■関係市町村

糸島市観光協会＝092（322）2098

＊急登はあるが、安心して歩ける

静かな浮嶽神社上宮を経て大木が点在する美林へ

まずは別掲の地形図を見ていただこう。浮嶽は標高500メートル辺りから急激に競り上がり、等高線の間隔は極めて狭い。そのため、どこから登っても急な上りを強いられる。

いまひとつ、北側を走る国道202号から目にする姿は比較的穏やかだが、東西方向から眺める山容は端正な三角形を描いている。筑紫富士の異名を持つのはそれゆえで、登高意欲をそそる山の一つと言ってよかろう。

登路は西、東、南からと複数あるが、アプローチのたやすさもあって、西側の白木峠から往復する登山者が圧倒的に多い。しかし、南A登山口からのルートにも捨てがたい魅力がある。そこで、下山したあと50分ほど舗装路を歩く必要はあるものの、西から登って南へ下る周回ルートを考えてみた。

白木峠の取りつき点は、県道143号沿いの法面にステップが刻まれている。これを登って登山道を東へたどり、まずは432標高点ピークを目指す。ゴルフ場のフェンスに隣接する木橋を渡り、緩く登った地点が432ピークである。

そこからわずかに下り、登り返して小ピークを一つ越えると、最初の急登が控えている。歩き始めからずっと植林の中で、林床にはアオキが茂っている。標高差約120メートルを登り切ると道は平らになり、右手の植林の中に三つの大岩を見る。この辺りでひと息入れるといい。

その先の上りで、そそり立つスギの大木を三本仰ぐ地点を通過する。これらは、戦後に植林されたスギとは明らかに風貌が異なる。推測になるが、浮嶽神社上宮の鎮守の森の名残かもしれない。

この辺りから鬱蒼とした照葉樹の森に変わり、等高線はいよいよ密になる。しかし、登山道は蛇行気味にうまくつけられており、胸突八丁の急登というわけではない。アカガシやタブノキの大木を愛でながら努めてゆっくり登っていこう。

傾斜が緩んだら山頂西側の肩に出て、間もなく前方に山小屋が見えてくる。山頂はすぐそこで、苔むした石積みの間を登ると立派な山頂標識の前に出る。その奥に歴史を感じさせる浮嶽神社上宮が鎮座する。周囲

白木峠の駐車スペース。この奥にも駐車可能な路肩がある。マナーを守って駐車のこと。

メインルートだけあって登山道は硬く踏まれている。しばらくは植林が続く。

取りつき点。法面にステップが刻まれている。県道 143 号は交通量が多い。横断時は要注意。

木橋を渡ったあと、432 標高点ピークへ。地籍調査の杭が目印だ。

三本の大スギから標高差 150 メートルの上りになる。だが、登山道は蛇行気味につけられており、比較的歩きやすい。

西側の肩までくると傾斜は緩み、山頂はもう間近。奥に見える建物は山小屋である。

浮嶽の山頂標識。二等三角点はこの右手、浮嶽神社上宮の裏手にある。

歩き始めから植林とアオキの中の単調な上りが続くが、標高 600 メートルくらいから照葉樹の森に変わり、ぐっと雰囲気がよくなる。登山道脇にそびえる風格のあるアカガシの大木を仰ぎ見る。

にはスギの大木が数本そそり立ち、しっとり落ち着いた空気が漂っている。古い時代にタイムスリップしたような雰囲気がいい。

山頂でくつろいだら下山にかかろう。西の肩へ下り、道標から左へ折れる。いきなり急降下が始まって面食らうが、登山道自体はしっかりしている。また、トラロープが長い距離設置されているのも助かる。

明るい照葉樹に包まれた中、所々に苔むした岩や倒木を見て下ると、ほどなくして老成した大きなスギに出合う。それを合図にスギの老成木が次々に現れ、同時にアカガシやケヤキの大木が測ったかのような間隔で点在し始める。

きわめつけは幹の途中からぽっきり折れたスギの巨木で、風格を漂わせる姿は英彦山の鬼杉を彷彿させる。正直なところ、そこまで大きくはないものの、悠久のときを経て今なお懸命に生きようとするたたずまいに

山頂からの展望はわずか。スギの隙間から唐津湾方向を望む。

復路は、西の肩から「浮岳南登山口」の道標に従って左へ折れる。

雷に打たれたのか、途中からぽっきり折れた巨大なスギ。周辺に点在するスギの老成木は、戦後に植林されたものと風貌が明らかに異なる。

圧倒される。

高度を下げるにつれて傾斜は緩み、浮嶽羽金山林道に出る直前に佐賀森林管理署の案内板が立っている。それによれば、この浮嶽南斜面の森は「林木遺伝資源保存林」だそうで、樹齢120年以上とある。あまり知られていないけれど、この森の雰囲気は実に素晴らしい。下りであれ上りであれ、ぜひ一度歩いてほしいと思う。

浮嶽羽金山林道に下りたら右を取って、舗装路をのんびり西へたどろう。県道に合流したあと、白木峠への少しばかり足に堪える上りが待っている。

山行アドバイス

①急登は多いものの、登山道はよく整備されている。迷いやすい所はない。前半は植林の中の単調なアップダウンが続き、少々退屈だが、標高600メートル辺りまでの辛抱である。

②白木峠からの往復が一般的だが、ぜひ南ルートを歩いていただきたい。大木が点在する森の美しさは格別だ。ただし、50分前後の舗装路歩きが必要である。

③浮嶽の南側には取りつき点が二ヵ所ある。そのため、便宜的に県道143号に近いほうを南A登山口、荒谷峠側を南B登山口とした。後者から取りつけば、浮嶽へ最短で、しかも楽に登ることができる。

急傾斜の南ルートであるが、苔むした岩と照葉樹林が美しい。高度を下げるにつれてなだらかになる。

浮嶽羽金山林道にある浮嶽南 A 登山口。ここから往復するのもよい。林道の路肩に駐車スペースもある。

山行データ

標高	浮嶽＝805.1m
単純標高差	約 455m
歩行時間の目安	約 3 時間 10 分
緯度経度（スタート地点）	33 度 28 分 14.31 秒 130 度 4 分 37.27 秒
MAPCODE®	182 504 076*00

■参考タイム

白木峠～ 20 分～木橋～ 10 分～ 432 ピーク～ 35 分～三本の大スギ～ 35 分～浮嶽～ 15 分～折れた巨スギ～ 25 分～浮嶽南 A 登山口～ 40 分～県道 143 号出合い～ 10 分～白木峠（往路＝1 時間 40 分／復路＝1 時間 30 分）

■関係市町村

糸島市観光協会＝092（322）2098

03 真名子から女岳〜浮嶽（縦走周回）

＊登山道は明瞭、健脚向き

大岩と展望の二座を縦走する歩きごたえのあるルート

女岳山頂。樹間に海が見える。脊振山系の中では比較的楽に登れる。稜線に点在する大岩がアクセント。

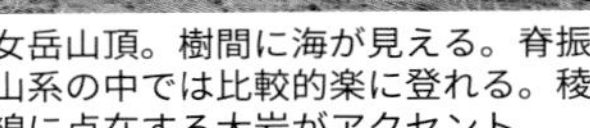

女岳の北山腹にぽっかり開けた平坦なエリアを真名(まな)子と呼ぶ。山間(やまあい)の静かな所で、木の香(きのか)ランドキャンプ場のほか、二丈岳や女岳に登る際の拠点としても知られる。ここを基点に女岳と浮嶽を縦走周回するルートを紹介しよう。

　アプローチは、福岡市からの場合、国道202号を唐津方面に走り、JR大入(だいにゅう)駅の手前から「二丈渓谷／加茂ゆらりんこ橋」の標識を目印に左折する。道なりに上ってゆらりんこ橋を左手に見送り、突き当たりの三差路を左へ折れて林道を詰めれば、標識から数十分で真名子に到着する。林道は広いとは言えないが、完全舗装である。

　駐車場は、木の香橋を渡ってすぐの左手。前方にキャンプ場の研修施設や山ナビBOX、登山案内板などがあるから迷うことはない。トイレは小研修棟に併設されている。

　ルートの概要は、真名子〜つばき橋〜女岳北登山口〜女岳〜荒谷峠（女岳西登

真名子のスタート地点。この前に草付きの駐車場がある。奥の建物は木の香キャンプ場の研修施設。

駐車場から右手に沢を見ながら舗装林道をキャンプ場方向に詰めてゆく。

舗装林道沿いにある女岳北登山口。この左手に水場がある。

道標の立つつばき橋のたもとから右折し、橋を渡って作業道に入る。

スギ林の中の作業道を南へたどる。最初は広いが、やがて山道に変わる。

木洩れ陽が女岳へ延びる登山道を照らす。急な所もあるが、比較的歩きやすい。

山口)~舗装林道歩き~浮嶽~浮嶽南B登山口~舗装林道歩き~荒谷峠~作業道歩き~真名子で、舗装林道や作業道歩きの多い変則的な縦走周回である。

さて、準備を済ませたら右手に沢を見ながら舗装林道をキャンプ場方向へたどり、つばき橋から右折（道標あり)して作業道に入る。スギがそびえる中を南進するとやがて山道に変わり、短い急登を経て幅員のある舗装林道に飛び出す。正面が女岳北登山口で、左手には水場がある。

スギ林の中に続く登山道に取りつき、じわじわと高度を上げてゆく。足下は硬く踏まれ、枝道もなく、迷うことはない。急登もあるが、全般にうまくつけられており、歩きやすい。

やがて肩に乗って傾斜は緩み、間もなく稜線の縦走路に突き当たる。右を取って緩く登ると、大岩が目立ち始める。苔むした丸っこい岩の横をすぎ、縦に割れた岩を右手に見た先に大岩が積み重なった要塞のような場所がある。それをすり抜けた先の開けた所が女岳の山頂である。

展望は北側の樹間に玄界灘を望む程度だが、周囲は数本のカエデ類を含む自然林で居心地がよい。ただ、女岳は全山植林の山と言ってよく、自然林が残っているのは、残念ながら山頂周辺と稜線沿いの狭いエリアしかない。

標高650メートル辺りから傾斜は緩み、稜線をたどれば所々で大岩を見る。

女岳山頂からわずかに残る自然林の中を下る。肩に下り立つまでけっこう急である。

荒谷峠の舗装林道から望む浮嶽の雄姿。登頂意欲をそそる山容である。

ひと息入れたら、西へ向かってその自然林の稜線を下る。けっこう急だ。用心しよう。傾斜が緩むと平坦な肩に下り立ち、そこから再び植林とアオキに覆われた登山道を下って荒谷峠の舗装林道に飛び出す。周囲は開けており、左手に美しい三角形の浮嶽を望む。

ここからは、しばらく舗装林道を歩く。道標に従って右を取り、すぐ左折。道なりに進むと、右手に取りつき点（浮嶽東登山口）がある。この道は北へ迂回して小ピークを踏み、そのあと西へ続いている。

舗装路歩きが嫌いな人はここから取りついてもいいが、この先にも舗装林道が登山道と接する地点が三ヵ所あり、そのいずれかから登山道に入るほうが時間を短縮できる。

そこで、浮嶽東登山口は見送って舗装林道を西へ。すると、間もなく青い看板のある三差路に出合う。「浮岳線（登山道）」の案内に従って右を取って登ると、右手に口を開けた作業道を見る。植林伐採のための道で、奥に進むと大きな展望が広がり、右手に女岳、谷間の向こうに青い海を望む。伐採跡を別にすれば、なかなかいい眺めである。

この作業道が登山道を寸断しており、そこから入山してもいいが、舗装林道をさらに5分ほど歩いた先にも取りつける場所がある。そこから入ろう。

荒谷峠から歩くと最初に出合う取りつき点。ここが浮嶽東登山口。見送って舗装林道を先へ進む。

最初は平坦だが、間もなく急登が始まる。鬱蒼とした植林の中、胸突き八丁の上りにあえぐこと数十分で、左から道を合わせる。浮嶽南B登山口から上がってきた登山道である。

このすぐ上にもう一つ分岐があって、右は白龍稲荷と大岩展望台を経由する急な上り。左は巻き道で、蛇行して比較的なだらか。ここは右を取り、大岩展望台に立ち寄っていこう。平らな岩の上に立てば、北側一帯が大きく開け、海、半島、島々の眺めが素晴らしい。

登山道と舗装林道が接する地点。ここから取りつく。裏返しの道標が目印だ。

大岩展望台からの素晴らしい眺望。急登のあとの褒美である。ぽっかり浮かぶ姫島（左）と右に仏崎。

浮嶽南 B 登山口分岐に立つ道標。この先にも白龍稲荷、大岩展望台への分岐がある。

浮嶽への上りは手強い。努めてゆっくり登ろう。周囲はスギ林で、林床をアオキが覆っている。

このルートのハイライトの一つである。

展望を胸に収めたらそのまま上部を目指し、巻き道を合わせる。ここまでくれば山頂は間近。左手にベンチのある展望岩を見て緩く登り、道脇にそびえる立派なスギの間を抜ければ、浮嶽神社上宮に到着だ。

樹林に包まれて展望は利かないものの、静謐な空気が漂う味わい深い頂である。木洩れ陽が社や山頂標識を照らす光景を見ると、いっそう厳かな気分になる。ちなみに、二等三角点は社の右手奥にある。

復路は浮嶽南B登山口分岐まで下り、右へ折れる。足下には石垣や石段の跡が残っており、古い参道のよ

浮嶽山頂に鎮座する浮嶽神社上宮。山頂標識は、この手前の一段低い所にある。

大岩展望台をすぎると傾斜は緩み、清々しい樹林の中に登山道が続く。

樹林の中を浮嶽南 B 登山口へ下る。この道はなだらかで、とても歩きやすい。

浮嶽南 B 登山口の駐車場。奥から手前に下りてきた急カーブ付近にある。ここから登れば、最短で浮嶽山頂を踏むことができる。

真名子方面へ延びる作業道の南口。簡易舗装は最初のほうだけで、以後はガレ石が多くなる。

うだ。そのせいか、とても歩きやすい。周囲は自然林から植林へと変わり、分岐から10分足らずで開けた舗装林道に下り立つ。

右は林道終点で、ここは左を取る。急カーブ地点に草付きの駐車場を見てさらに下ると、往路の取りつき点に出合う。あとは舗装林道をたどって荒谷峠へ。峠で左折し、次の四差路で前方に口を開けた簡易舗装の作業道に入る。

しかし、途中で舗装は途切れ、ガレ石の多い歩きにくい道に変わる。スギ林の中を辛抱して歩くこと10分ほどで道標の立つ舗装林道に行き当たり、右を取って約15分で真名子の駐車場に戻る。歩行距離約8・5キロの変則縦走周回の終わりである。

山行アドバイス

①女岳、浮嶽周辺は林道や作業道が多く、かつ複雑に入り組んでいて、山中よりもむしろ山麓で迷い兼ねない。地図、GPSを使って行動しよう。

②植林の多い女岳だが、登山道は明瞭で歩きやすい。迷う所もない。稜線に点在する大岩に名称があれば、もっと親しみが湧くのではなかろうか。

③浮嶽は植林の中の急登がきつい。息が上がらないよう小休止を入れながら歩こう。下りは特に厄介だ。浮嶽南B登山口へ下山するのはそれを回避するためである。なお、浮嶽の南側には登山口が二つあり、混乱しないようこちらを南B登山口とした。ちなみに、ここから取りつけば、浮嶽へ最短で登れる。

山行データ	
標高	女岳＝748m 浮嶽＝805.1m
単純標高差	約 385m
歩行時間の目安	約 3 時間 45 分
緯度経度 （スタート地点）	33 度 29 分 4.44 秒 130 度 6 分 59.81 秒
MAPCODE®	182 539 669*68

■参考タイム

真名子〜 30 分〜女岳北登山口〜 20 分〜稜線合流点〜 15 分〜女岳〜 25 分〜荒谷峠〜 20 分〜山道へ〜 40 分〜浮嶽〜 15 分〜浮嶽南 B 登山口〜 25 分〜荒谷峠〜 10 分〜作業道南口〜 15 分〜作業道北口〜 10 分〜真名子（浮嶽まで＝2 時間 30 分／浮嶽から＝1 時間 15 分）

■関係市町村

糸島市観光協会＝092（322）2098

04

ゆらりんこ橋から二丈岳（往復）

＊危険な所もなく、安心して歩ける

二丈渓谷をたどって、大展望を誇る山城跡の頂へ！

糸島市は2010年に前原市、志摩町、二丈町が合併して誕生した（いわゆる平成の大合併）。二丈岳は、そのうちの旧二丈町の名前の由来となった山である。脊振山系の主稜線からは北に外れているが、女岳に近く、併せて登る人も少なくない。そのため、取り上げることにした。

また、近年は十坊山、浮嶽を加えた「糸島四山」という呼称が広まり、人気はずいぶんと高い。とりわけ二丈岳は昔から気軽に登れる山として知られ、それゆえルートは複数あるが、ここでは二丈渓谷から真名子を経由する往復ルートをガイドしよう。

起点となるのは、加茂川の上流に架かる全長100メートルの吊り橋、ゆらりんこ橋。たもとに広い駐車場とトイレ、糸島市の山ナビBOXが設置され、沢遊びが楽しめる遊歩道もある。二丈渓谷の入り口に当たり、吊り橋を渡ってステップを登ると沢の右岸に登山道がついている。

真名子の加茂神社に出るまで基本的にほぼ植林の中を歩くが、所々に渓谷の美しい場所があって退屈することはない。植生は、林床を覆うアオキをはじめ、シダ類、ヤツデ、フユイチゴ、ハナミョウガ、ヤブコウジなどが目立つ。登山道には露岩が多いものの、案外歩きやすい。

最初のポイントは、古いベンチがある地点。そばに一枚岩の滑滝（なめたき）が走る。沢の幅は広く、滑滝としては規

菜の花越しにゆらりんこ橋の駐車場を見る。

ゆらりんこ橋を渡って登山道に入る。

古いベンチのそばにある一枚岩の滑滝。このあと、短いながらも擬木で組まれた階段の急登がある。

明神ノ滝を見守る不動明王。このすぐ上部の左手に植林の伐採地が広がっている。

植林帯の中に整備された登山道が続く。露岩が多いが、往路も復路も歩きやすい道である。

不動明王のそばから眺める明神ノ滝。二丈渓谷のシンボルである。この下部にも三段ほど滝が連なっている。

登山道を登り切った地点にある加茂神社。ここから二丈岳取りつき点まで 10 分ほど生活道を歩く。

真名子集落にある二丈岳取りつき点。

露岩帯に差しかかると、いったん傾斜は緩む。だが、小広場の先にきつい上りが待っている。

模が大きく、見応えがある。

そのすぐ先に擬木で組まれた階段の急登があるが、距離は短い。以後は緩い上りが続き、左手に「家の石」を見て、第二のポイントである明神ノ滝に至る。下部に滝見のベンチ、上部に不動明王がおわす。カエデ類が数本あって、秋には白い筋を描く滝をバックに紅葉を楽しめる場所だ。

ひと息入れたら左手に植林の伐採地を見て、ひと上りで加茂神社の裏手に出る。ここから真名子集落の生活道をたどり、二丈岳の取りつき点へ。最初は幅の広い作業道だが、次第に細り、照葉樹林の中に明確な登山道が続く。

平坦な道が終わると植林の中のきつい上りが始まり、数十分の辛抱のあと傾斜は緩み、露岩帯へ。そこから再び緩く登り、前方が開けたら間もなく小広場に飛び出す。かつてはここがキャンプ場から山腹を巻いてきた作業道の終点だったが、近年は伐採作業に伴って北側へ伸延している。

ひと息入れたら登山道に取りつき、北東へ緩く登っ

山頂にある岩場。展望に優れており、ここでランチを楽しむ人が多い。戦国時代の山城跡で、深江岳城、二丈岳城、二條岳城などの名前がある。

自然林の中の最後の急登。距離は短い。

てゆく。スギのたもとに置かれた「二丈岳登山道」の白い道標辺りから急登になり、山頂直下までだらだらと続く。思いのほかきつい上りは、ここと露岩帯手前の二ヵ所。息が上がらないよう努めてゆっくり足を運ぼう。

平坦地に出たら、いよいよ最後の上りである。標高差は20メートルほど。急だが、距離は短く、ほどなくして巨大な岩が点在する山頂の一角に飛び出す。左手に三等三角点と山頂標識を見て進むと、好展望の岩場に至る。

戦国時代の山城跡は広く、好天の日は岩の上、風が強くて寒い日は岩の陰と休憩場所に事欠かない。「深江」の道標に従って裏手に回れば草付きの広場もある。岩の上からの展望は抜群で、文字通り360度。中でも眼下に広がる海と糸島半島の眺めは素晴らしい。この展望こそが二丈岳の最大の魅力である。

山頂標識と三等三角点。この奥に展望の岩場があり、標高は 711.3 メートルよりも高い。

山行アドバイス

①登山口をはじめ、登山道、道標ともに整備が行き届いており、安心して歩ける。そのため、子どもを連れたファミリーも多い。

②二丈岳はほぼ植林の山である。自然林があるのは、真名子から取りついてすぐと山頂周辺のみ。二丈渓谷もほぼ植林である。にもかかわらず人気が高いのは、山頂からの大展望や渓谷美に加えて、アプローチの容易さに負うところが大きいと思われる。

③女岳と併せて登る場合、中腹にある小広場から木の香ランドキャンプ場へ続く作業道は、単調で面白味に欠ける。ピストンが嫌でなければ、往路を二丈岳取りつき点まで戻って女岳を目指すほうがいい。

④小さな子ども連れや体力に自信のない人は、真名子からスタートしよう。二丈岳山頂まで所用約45分である。女岳を含める際も真名子スタートのほうがずいぶん楽である。

山頂の岩場から深江、船越、岐志漁港を望む。

ゆらりんこ橋から二丈岳

山行データ

標高	二丈岳＝711.3m
単純標高差	約 585m
歩行時間の目安	約 3 時間 10 分
緯度経度 （スタート地点）	33 度 29 分 36.37 秒 130 度 6 分 10.29 秒
MAPCODE®	182 567 737*36

■参考タイム

ゆらりんこ橋～ 20 分～古いベンチ～ 20 分～明神ノ滝～ 10 分～加茂神社～ 10 分～二丈岳取りつき点～ 15 分～露岩帯～10 分～小広場～ 20 分～二丈岳～ 50 分～加茂神社～ 20 分～古いベンチ～ 15 分～ゆらりんこ橋（往路＝1 時間 45 分／復路＝1 時間 25 分）

■関係市町村

糸島市観光協会＝092（322）2098

05

白糸ノ滝から河童山〜羽金山（周回）

＊子ども連れでもＯＫ！

ツクシショウジョウバカマの大群落をめぐって

脊振山系にあって、羽金山はどこから眺めてもよく目立つピークである。というのも、標準電波送信所の巨大な電波塔がそびえ立っているからだ。

この施設は全国に福島県と当地の二ヵ所しかなく、電波時計が正確な時（標準時）を刻むために重要かつ不可欠な拠点である。それゆえ、常駐する職員のための専用道路が山頂に通じ、さらにはスギ・ヒノキの植林が幅を利かせている。そんなこんなで、羽金山は登る人も少なく、どちらかといえば地味な存在だった。

ところが、稜線上にツクシショウジョウバカマの大群落があることが分かり、2010年ごろからぼつぼつ注目を浴び始め、今ではすっかり人気の山の一つになった感がある。

登山口は糸島市の観光スポットの一つ、白糸ノ滝。西の荒川峠、東の長野峠からも取りつけるが、駐車場、トイレ完備の白糸ノ滝からから歩くほうがいい。

さて、トイレのある最上部の駐車場から続く舗装林道を南東へ登ってゆく。3月下旬から4月上旬にかけては、この林道の法面（のりめん）にもぽつぽつとツクシショウジョウバカマを見る。ついカメラを向けたくなるが、稜線に出ればお花畑が待っている。眺める程度にして先に進もう。

ほどなくして三差路に出合う。左は舗装林道で、右は標準電波送信所の専用道路。左右どちらにもゲートがあり、一般車の進入はできない。ここは右を取り、ゲートの脇を抜ける。道なりに登ると、やがてデッカ橋にたどり着く。

それを渡ってすぐの地点が分岐で、右手に道標が立っている。「縦走路」の案内に従って右を取り、やや荒れた感じの漂う作業道に入ろう。浅い谷間に続く道で周囲はほとんど植林だが、問題なく歩ける。

道幅は次第に狭くなっていつしか山道に変わり、薄暗い植林帯を抜けると稜線の鞍部に出る。右を取れば荒川峠を経て女岳へ。左を取り、緩く登って植林の中の小ピークを越える。

登り返すと、やや傾斜が増す中、自然林が交じって頭上が開ける。この辺りから左手にツクシショウジョウバカマが道案内するかのように点在し始め、登るにつれて延々と続く大群落に変わる。花を愛でながらのんびり登っていこう。

糸島市の有名観光スポット、白糸ノ滝。夏場は涼を求めるたくさんの人で賑わう。

白糸ノ滝の最上部の駐車場から続く林道を登ってゆく。左端はトイレ。羽金山の案内板もある。

三差路に出合ったら、右の標準電波送信所の専用道路へ。ゲートがあって、一般車は通行禁止。

羽金山といえば、延々と続くツクシショウジョウバカマの大群落に尽きる。花火のような可憐な姿は、多くの人を魅了する。

標準電波送信所の専用道路を登ってゆくと、やがてデッカ橋に出合う。渡ってすぐ右手に作業道がある。

浅い谷間に続く作業道をたどる。周囲はほぼ植林である。

鞍部の分岐に立つ道標。ここは左を取る。

傾斜が緩んだら道標の立つ分岐があり、右を取って河童山へ。自然林の中の小径をたどれば数分で山頂に到着だ。山頂標識の奥に電波塔の立つ羽金山の平らなピークがのぞく。

分岐に戻って稜線を東へ下ると、前方の鞍部に素敵なアブラチャンの森が待っている。登山道の両側に整然と並ぶ様子は、まるで一幅の絵のような趣である。羽金山の山頂は間近だが、標準電波送信所の施設の中とあって火器は使えない。ここでランチタイムとするといいだろう。

標準電波送信所の玄関。羽金山の頂を踏むには、チャイムを鳴らして案内を乞う必要がある。

河童山の山頂から羽金山山頂を望む。平らな頂にもかかわらず、電波塔のおかげでどこからでもよく目立つ。

河童山から下ると、アブラチャンの森に出合う。3月下旬はまだ冬枯れの景色だが、四季を通じて雰囲気のいい所である。

羽金山山頂とそびえ立つ巨大な電波送信塔。

ひと息入れて上りにかかると、右手に標準電波送信所のフェンスが現れ、それに沿ってひと上りで専用道路に出合い、右手に同施設の玄関がある。

玄関としたのは、インターフォンがあるからで、これを使って「山頂を踏みたい」旨を伝えると、係員が応答してくれる。あとは指示に従って山頂へ。ちなみに、立ち入れるのは9時30分から16時30分である。ただし、工事等で立ち入れない場合もある。

復路は専用道路を下り、林道三差路を経て白糸ノ滝へ。いささか長い舗装路歩きではあるが、道脇にはツクシショウジョウバカマの群落が点在し、同じ時季にはフキノトウも多い。そのほか、前方が開けて糸島市街を望む場所もあってさほど退屈しない。

山行アドバイス

①特に迷いやすい所や危険箇所もなく、ビギナーでも問題なく歩ける。山道歩きよりも舗装路、作業道歩きが長いものの、ツクシショウジョウバカマの大群落は一見の価値がある。

②デッカ橋分岐に立つ道標には「直進／羽金山、右／縦走路」とある。そのため、直進してしまう人がいると聞く。山頂には行けるが、専用道路の上りはきつい。本文の通り、反時計回りで歩くほうがいい。

白糸ノ滝から河童山〜羽金山

山行データ

標高	河童山＝874m 羽金山＝900.2m
単純標高差	約 420m
歩行時間の目安	約 3 時間 55 分
緯度経度 （スタート地点）	33 度 28 分 54.09 秒 130 度 10 分 27.88 秒
MAPCODE®	224 216 277*11

■参考タイム

白糸ノ滝〜 35 分〜舗装林道三差路〜 10 分〜デッカ橋分岐〜 45 分〜鞍部の分岐〜 35 分〜河童山〜 20 分〜標準電波送信所入り口〜 10 分〜羽金山〜 40 分〜デッカ橋分岐〜 10 分〜舗装林道三差路〜 30 分〜白糸ノ滝（往路＝2 時間 35 分／復路＝1 時間 20 分）

■関係市町村

糸島市観光協会＝092（322）2098

06

長野峠から雷山（周回）

＊急登、迷いやすい所あり

きつい上りはあるものの、大展望と高原風の絶景が待っている

県道12号が通る長野峠には「雷山登山口３００Ｍ先」という道標があり、佐賀県側を指している。そこで、峠（二、三台駐車可能）ではなく、佐賀県側に少し下った路肩に駐車してスタートする。

県道をさらに下り、左手に舗装林道を見てすぐの所に「雷山」と書かれた道標があり、ここから取りつく。

佐賀県側から見た県道 12 号の駐車スペース。取りつき点はここから少し下った所にある。

長野峠から約 300 メートル下った地点にある取りつき点。ここから稜線を目指す。

少し福岡県側へ戻る感じで進み、支尾根に乗って進路を東向きに変える。植林の中の踏み分け道を緩く登ると、間もなく隠れピークに立つ。

ちなみに、隠れピークとは標高差10メートルに満たないピークで、地形図には表現されない。尾根が分岐する地点に多いため、ジャンクションピークと呼ぶこともある。こうしたことも覚えておくといい。

その隠れピークから支尾根を北東に緩く登って稜線を目指すが、登山道の右手に古い作業道が走っており、紛らわしい。左手の踏み跡をたどり、稜線の鈍いピークに出て東へ進路を変える（直進しないように）。この辺りは地形が複雑だ。慎重にトレースをたどろう。

この先、登山道は明瞭で、ぐんと下って鞍部の三差路分岐に至る。すぐ南側に雷山横断林道が迫っており、実はそこから取りつくほうが分かりやすい。完全舗装に加えて、駐車スペースも十分にある。

しかし、エリアを区切って脊振山系を縦走したいという人もおられよう。それもあって、長野峠から案内する次第。復路に鞍部から雷山横断林道に出て舗装路を歩き、スタート地点に戻ることにする。

話を戻そう。鞍部の三差路から急登が始まる。防火帯を直登するかのような按配で傾斜はきつく、植林のため手がかりも少ない。８１６標高点ピークとの標高差は２４０メートルに及ぶ。一歩一歩踏み締めるように歩くほかない。

雑木林に変わるのは標高７２０メートル付近から。そこからも上りは続き、右手に有刺鉄線のフェンスが現れたら前方が開け、間もなくＮＴＴコミュニケーションズの敷地のある８１６ピークに達し、前方に大きな山体の雷山を望む。

ここから直進して雷山に向かってもいいが、左手のＮＴＴ専用道路を下り、まずはこのルートの目玉の一つ、雷山大展望台へ。下ること５分ほどで左手にゲー

鞍部の三差路に立つ道標。この先、816 ピークまで標高差 240 メートルの急登が待ち受けている。

神功皇后ゆかりの地と伝えられる層々岐野から望む雷山。右端にゲレンデ跡の急斜面がのぞく。

傾斜が緩み、右手に有刺鉄線のフェンスが現れたら 816 ピークは近い。

標高 720 メートルをすぎた辺りからようやく雑木林の上りに変わる。

トを見る。それをくぐれば広くて平らな尾根に出て、眼下に文字通りの大展望が広がっている。風のない日ならここでランチタイムにするのもよかろう。

専用道路に戻って左へ少し歩き、右に曲がって層々岐野を目指す。左手の建物は避難小屋。トイレもあるが、あまりきれいとは言えない。ここから浅い谷間を南へたどると、「層々岐野」という道標の立つ三差路に

大展望台からの眺望。雷山山頂の北西に位置する尾根の突端で、玄界灘と糸島半島が一望の下だ。

出合う。

周囲に広がる高原風の景色は、四季折々いつ眺めても胸に沁みるものがある。ここが二つめのハイライト。神功皇后ゆかりの地といわれる場所で、この景色の中を歩きたいがための長野峠ルートと言ってもいいほどである。

さて、いよいよ最後の難所へ。旧スキー場のゲレンデ跡の急登が待ち受けている。ここもまた努めてゆっくり登るしかない。一歩一歩高度を上げ、ミヤコザサの踏み分け道に変わると若干傾斜は緩み、落葉樹のヤセ尾根を抜ければ雷山山頂だ。達成感が込み上げてくる瞬間である。

山行アドバイス

①取りついてから稜線に乗るまでが多少分かりづらい。道標もない。鞍部の三差路から先の登山道は明瞭である。それからすると、縦走を除いて、雷山横断林道から取りつくほうが分かりやすく、歩行距離も短い。

②直登のきつい上りが二ヵ所ある。下りも油断できない。特に雨後は注意が必要だ。雷山山頂直下の急登は、右手のヒノキ林の中に巻き道がある。ステップが切ってあるため、下りはこちらのほうが歩きやすい。

大展望台から避難小屋をすぎ、層々岐野の道標を目指す。このあと急斜面の上りが控えている。

広々とした雷山山頂で憩う登山者。展望の頂は季節を問わず人気が高い。

旧スキー場のゲレンデ跡の斜面は上りも下りも手強い。ミヤコザサが現れるとやや傾斜が緩む。

雷山横断林道の取りつき点。復路はここに下りて車道を歩く。

長野峠から雷山

山行データ

標高	雷山＝955.3m
単純標高差	約 400m
歩行時間の目安	約 3 時間
緯度経度（スタート地点）	33 度 28 分 47.55 秒 130 度 11 分 57.66 秒
MAPCODE®	224 219 187*28

■参考タイム

長野峠～ 30 分～鞍部の三差路～ 40 分～ 816 ピーク～ 5 分～大展望台～ 5 分～層々岐野～ 30 分～雷山～ 20 分～層々岐野～ 30 分～鞍部の三差路～ 20 分～長野峠（往路＝1 時間 50 分／復路＝1 時間 10 分）

■関係市町村

佐賀市富士支所＝0952（58）2111

07

雷神社から雷山（往復）

*岩尾根の急登あり、行動は慎重に

素敵なトラバース道とブナ林と大展望を楽しもう！

雷山の登山口は佐賀県側、福岡県側に二ヵ所ずつある。佐賀県側は前項で紹介した長野峠と雷山横断林道から北に入った地点（布巻林道）にあるが、後者は取りき点といった感じで、井原山〜雷山縦走の下り口に使用される程度である。

その点、福岡県側には駐車場、トイレ、山ナビBOXボックスが整備されており、登山口として申し分ない。ランドマークは、糸島市三坂の交差点から県道564号を南進した地点にある、紅葉の名所としてつとに有名な雷山千如寺大悲王院だ。

その手前に雷山バス停登山口、県道をさらに上った所に雷神社がある。どちらから登っても時間的に大差はないが、雷山の名にゆかりの深い雷神社からの往復ルートを紹介しよう。

準備を済ませたら、なにはさておき雷神社へ。水火雷電神（瓊瓊杵尊）など五神を祀る古社で、境内には千年杉、大イチョウ、イロハモミジなどの大木がそびえ、厳かな雰囲気に包まれている。

参拝したら県道に戻り、すぐの四差路を左折して林道第3雷山浮嶽線に入る。ちなみに直進はNTTの専用道路。ゲートがあって車は入れない。右を取れば、白糸ノ滝に至る。できるだけ林道歩きを避けたい場合は、神社の前からいったん沢に下り、対岸に渡って迂回してもよい。

林道を南東へたどり、じわじわと高度を上げると20分ほどで三差路に行き当たる。右を取って5分も歩けば、清賀ノ滝を正面に見る小広場に到着だ。滝を眺めてひと息入れたら、山道に取りつこう。滝の下の丸太橋を渡り、短い急登を経てスギ林の尾根に入る。10分ほどで植林を抜け、ヤマザクラの大木を一本見る。この先、雷神社上宮の手前までずっと自然林が続き、踏み跡も明瞭で快適に歩ける。

主のようなアカガシの大木を左手に見て、ヤブツバ

雷神社。向かって右手に駐車場、トイレがある。

雷神社から雷山の山頂付近を望む。

雷山のシンボル、清賀ノ滝。すぐそばまで舗装林道が延びている。

ブナが点在するヤセ尾根の途中に展望の開ける場所があり、玄界灘を望む。

トラバース道の危険箇所には手すりが設置されているが、一部壊れている所もある。

しっとり落ち着いた雰囲気の雷神社上宮。秋にはカエデ類の紅葉を見る。

植林が終わると、照葉樹林の中に硬く踏まれたトレースが続く。ヤブツバキのトンネルもある。

キに覆われた尾根道を緩く登ってゆくと、ほどなくして右へ急カーブする。ここで尾根と別れ、上宮への長いトラバースが始まる。春

広々とした雷山山頂。展望もよく、遮るものがない。つい長居してしまう。

山頂から浮嶽、女岳、二丈岳を望む。

山頂直下のブナ林帯。四季折々に趣を変え、どの季節に登っても心和む場所である。

にはツクシショウジョウバカマの可憐な花が左手の山肌を飾る素敵な道で、秋の紅葉もいい。ただし、手すりの壊れた所や足場の悪い地点もある。右手は急斜面ゆえ、バランスを崩さないよう気を抜かずに歩こう。

前方にスギ林が見えたら、間もなく三体の石祠が並ぶ上宮に到着だ。しっとり落ち着いた雰囲気の場所で、秋には数本のカエデ類が彩りを添える。ザックを下ろしてひと息入れたら、スギ林の中へ。植林が終わると次第に傾斜が増して、ヤセ尾根の急登に変わる。

ときおり、点在するブナの樹間に展望が開け、振り返ると糸島市街の向こうに大海原を望む。春には足下でホソバナコバイモが微笑んでくれる。それらを楽しみながら焦らずゆっくり登ってゆくといい。

傾斜が緩んだ辺りで尾根の左手（東側）を巻いて進むと前方に岩場が現れ、たもとに古びた石祠を見る。その先はブナが並び立つ心地よい空間で、山頂は間近だが、つい歩みが遅くなってしまう。

湿潤な森の息吹を胸いっぱい吸い込んだら、ミヤコザサを分けるトレースをたどり、ひと上りで広々とした草付きの頂に飛び出す。

山頂標識のそばと東側に大岩があり、展望は雄大。西に羽金山、浮嶽、十坊山、二丈岳を望み、南には天山山系の大きな山体がどっかと腰を下ろす。北に目を転ずれば、玄界灘が広がっている。展望をおかずにランチタイムを楽しんだら、往路を戻ろう。

山行アドバイス

①登山道、道標ともによく整備されている。5月初旬の山頂付近はコバノミツバツツジに彩られる。雷神社上宮からの上りは急でなかなかハード。下りは特に注意しよう。

②林道第3雷山浮嶽線は完全舗装で、復路はやや足にこたえる。それを避けるには、清賀ノ滝から直進して山道に入る。林道第3雷山浮嶽線を横断してさらに山道を下り、林道に出て左を取り、雷神社に戻るという手がある。

③山頂から長野峠方向へ急な坂を下り、816ピークからNTT専用道路を下って周回する手もある。舗装路歩きが長いが、雷山大展望台に立ち寄れる。

山行データ

標高	雷山＝955.3m
単純標高差	約 545m
歩行時間の目安	約 3 時間 25 分
緯度経度（スタート地点）	33 度 29 分 31.94 秒 130 度 13 分 28.64 秒
MAPCODE®	224 252 575*36

■参考タイム

雷神社～ 25 分～清賀ノ滝～ 25 分～トラバース入り口～ 20 分～雷山神社上宮～ 35 分～雷山～ 35 分～雷山神社上宮～20 分～トラバース入り口～ 20 分～清賀ノ滝～ 25 分～雷神社（往路＝１時間 45 分／復路＝１時間 40 分）

■関係市町村

糸島市観光協会＝092（322）2098

08 雷山バス停から雷山〜冨士山（縦走周回）

＊経験のある健脚向き

ハードな上りと下りがある健脚向きの縦走周回ルート

県道564号沿いにある雷山バス停登山口。

糸島市の瑞梅寺登山口と雷山バス停登山口を結ぶ間道を「井原山・雷山中腹自然歩道」（以下、中腹自然歩道）と呼ぶ。これを利用すれば、井原山〜雷山を縦走し、周回できる。林道建設によって所々で寸断されているとはいえ、その意味では貴重な道である。

今一つ、雷山〜冨士山の縦走周回も可能。そのルートをガイドしよう。行程的には井原山〜雷山縦走周回の半分以下ながら、上り下りともに少々ハード。ベテラン・健脚向きのルートであることをお断りしておく。

ところで、「冨士山」という山名になじみのない方もおられよう。実は、雷山の東にある944標高点ピークのことで、近年山頂標識が立てられた。読み方は「ふじさん」ではなく、「ふじやま」。草付きの狭い頂からの眺望は抜群で、まさに遮るものなしである。

スタート地点は、周回が前提なら、雷神社より雷山バス停登山口のほうが便利。コミュニティバスの発着所で、駐車場、トイレ完備。糸島市の山ナビBOXも設置されている。

準備を整えたら、県道564号を南へたどり、二つ目の三差路を左折する。ちなみに、角は大カエデで有名な雷山千如寺大悲王院。これより先は生活道が入り組んでおり、初めての場合は戸惑うかもしれない。だが、要所に道標がある。

山道に変わるのは、民家を右手に見てコンクリートの小さな橋を渡った先からで、フェンス沿いに歩いて丸太の橋を再び渡る。植林の中の道は薄暗く、足元には石がゴロゴロしている。

そのあと舗装林道を横切り、浅い谷を詰めてゆくと、間もなく林道第3雷山浮嶽線に出る。左手にある防火水槽の横から取りつき、沢を左手に見て登ること数分で登山道は二手に分かれる。左の道には渡渉点があり、水量が多い場合は右の迂回

登山口から県道を南へ進み、二つ目の三差路から左折する。奥の白い壁は雷山千如寺大悲王院。

林道第3雷山浮嶽線に出て、防火水槽の脇から山道に取りつく。清賀ノ滝まで数分の距離だ。

右へ曲がってコンクリートの橋を渡るとようやく登山道が始まる。「清賀の滝」の道標が目印。

清賀ノ滝とその前にある小広場。ひと息入れて、ウエアの調整や登山靴の紐の点検などを行おう。

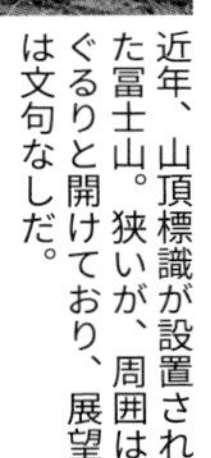

近年、山頂標識が設置された冨士山。狭いが、周囲はぐるりと開けており、展望は文句なしだ。

路を使おう。そこからひと足で清賀ノ滝前の小広場に飛び出す。多くの人がひと息入れる場所だ。

　この先は前項で紹介した通り。尾根の上りのあと、トラバースして雷神社上宮へ。そして、このルートで最もハードな上りが始まる。標高差は約200メートル。

静かなたたずまいの雷神社上宮。ここでトラバースは終わり、植林の中と岩のヤセ尾根の急登が始まる。

岩尾根を登る。標高を上げると、ブナが点在する。3月下旬ごろにはホソバナコバイモも見られる。

植林帯の上りもきついが、そのあとには岩尾根の急登が待ち受けている。前方に石祠を見る辺りから傾斜は緩み、ブナとミヤコザサの踏み分けをたどれば雷山山頂である。

　山頂からは縦走路を東へ向かう。緩く下った鞍部で右手に古場岳方面への分岐を見る。登り返すことしばらくで、今度は左手に中腹自然歩道分岐がある。これを見送って下り、まずは冨士山へ。鞍部へ下る際、間近に見えるピークが冨士山で、25メートルほどの標高を稼げば山頂である。

　展望を楽しんだら、中腹自然歩道分岐まで取って返す。右折して緩く登ると、平らなピークに至る。雷山山頂からこの辺りにかけては背の高いコバノミツバツツジが多く、5月ごろには花のトンネルになる。花の時季、雷山往復の場合でもここまで足を延ばすことをおすすめしたい。

　さて、いよいよ中腹自然

岩尾根の急登が終わると、岩峰の左を巻いて進む。この先の岩に石祠がある。雷山山頂までもうひと息だ。

歩道へ向かって尾根を下る。地形図を見れば分かるように等高線は密で、けっこう急である。加えて、ミヤコザサの踏み分け道は狭く、トレッキングポールは使いにくい。平坦地に出るまでは、両サイドの木々につかまりながら慎重に下る必要がある。平坦地に下りたらひと息入れよう。

この尾根はブナやリョウブが目立つ雰囲気のいい自然林に包まれているが、それも標高750メートル地点まで。平坦地から100メートルほど下ると、前方にヒノキ林が見えてくる。その脇を抜けて下ると、スギ林に変わる。その中に踏み跡は続き、山麓の生活道に下り立つまで周囲はずっと殺風景な植林である。

左手に斜面の崩壊地を見る辺りが597標高点で、そのあと小ピークを一つ越えて507・5ピークへ至る。中腹自然歩道はそこからすぐで、合流したら左を取り（直進しないように）、

広くてのんびりできる雷山山頂。コバノミツバツツジも多く、５月初旬ごろは大勢の登山者で賑わう。

中腹自然歩道分岐から下ると、前方に冨士山が姿を現す。ミヤコザサをかき分けて登る。

中腹自然歩道分岐。緩く登ってゆくと、平らなピークに出る。周辺はコバノミツバツツジの群生地である。

すぐまた左へカーブしてトラバース気味に斜面を下れば、新しい舗装林道に下り立つ。

中腹自然歩道はここで寸断されるが、舗装林道を横切った地点に道標が立っている。それに従って山道に入り、浅い谷間の植林の中を道なりに下ると、再び舗装林道に出合う。それを横切って山道をたどり、三差路を右へ。そうすれば間もなく山麓の生活道に出て、

いったん平坦地に出る。この先も長くて急な下りが続くから、ひと息入れていこう。

標高 750 メートル地点からヒノキ林に変わり、その脇を下る。

平らなピークから中腹自然歩道へ向かって尾根を下る。下り始めはコバノミツバツツジ、標高 750 メートルまではブナやリョウブが目立つ自然林である。急坂が多いため、気を抜かず慎重に下りたい。

ゴールの雷山バス停登山口は近い。

山行アドバイス

①雷山バス停登山口から登山道に取りつくまでは生活道が入り組んでいる。地図で確認し、道標を忠実に追って歩こう。登山道に入れば、迷う所はない。清賀ノ滝から雷山山頂までは前項を参照のこと。

②問題は復路の下りだ。登山道は比較的明瞭で、尾根の一本道である。しかしながら、急傾斜が多く、しかも長い。中腹自然歩道に出るまで道標もない。ベテラン・健脚向きの所以である。

③中腹自然歩道合流点から先は道標が整備されている。新しい舗装林道に下りる直前で道は二分するが、どちらを取っても舗装林道に下りられる。

もう一度舗装林道に出る。道標に従って山道へ。左手はツクシショウジョウバカマの群生地。

507.5 標高点ピークのすぐ先にある中腹自然歩道合流点。左を取って下る。

奥から手前に下りてくる。この先は舗装路で、雷山バス停登山口まで 10 分足らずである。

中腹自然歩道は新しい舗装林道によって寸断されている。林道を横切り、右手の道標から山道へ。

雷山バス停から雷山〜冨士山

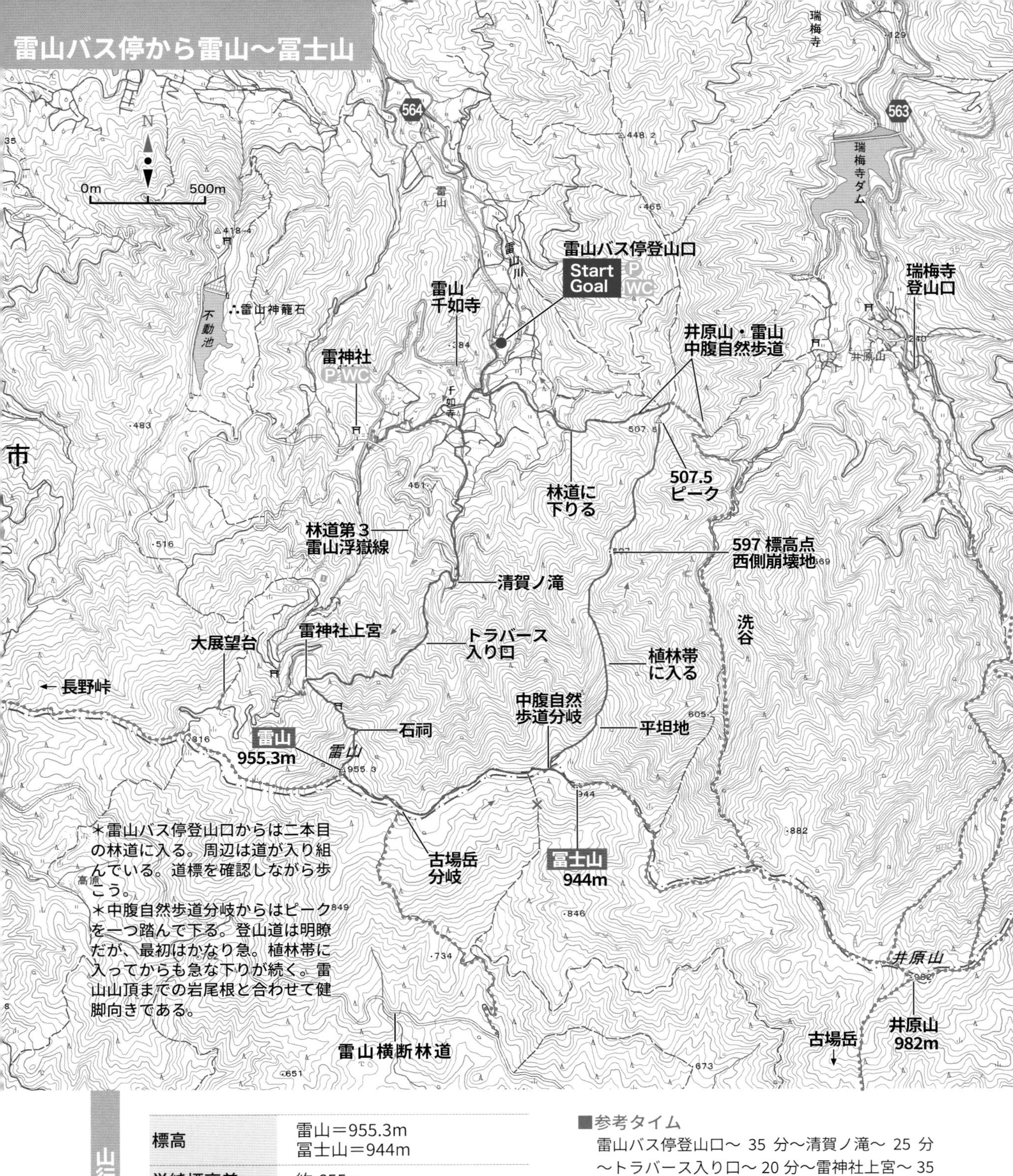

山行データ

標高	雷山＝955.3m 冨士山＝944m
単純標高差	約 655m
歩行時間の目安	約 4 時間 20 分
緯度経度 （スタート地点）	33 度 29 分 44.86 秒 130 度 13 分 49.28 秒
MAPCODE®	224 282 057*32

■参考タイム

雷山バス停登山口〜 35 分〜清賀ノ滝〜 25 分〜トラバース入り口〜 20 分〜雷神社上宮〜 35 分〜雷山〜 30 分〜冨士山〜 20 分〜平坦地〜 20 分〜植林帯に入る〜 15 分〜 597 標高点〜 20 分〜 507.5 ピーク〜 10 分〜林道に下りる〜 30 分〜雷山バス停登山口（冨士山まで＝2 時間 25 分／冨士山から＝1 時間 55 分）

■関係市町村

糸島市観光協会＝092（322）2098

09

瑞梅寺から井原山（周回）

トップクラスの人気ルートは、沢、滝、花と見所多数！

＊ハードな上りはあるが、危険箇所なし

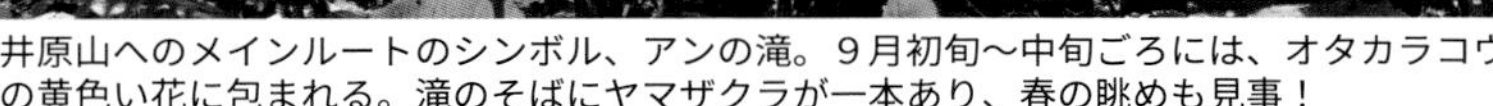

井原山へのメインルートのシンボル、アンの滝。９月初旬〜中旬ごろには、オタカラコウの黄色い花に包まれる。滝のそばにヤマザクラが一本あり、春の眺めも見事！

糸島市の瑞梅寺（ずいばいじ）登山口は県道５６３号を南に上り詰めた地点、奇徳橋のたもとにある。駐車場、トイレ、糸島市の山ナビＢＯＸが完備されており、アプローチも比較的容易。加えて、脊振山系の中でもトップクラスの人気を誇る井原山の表玄関だけあって、ハイシーズンには周辺の道路脇に車があふれるほどである。

余談ながら、奇徳橋より下流が二級河川の瑞梅寺川で、上流の谷をダルメキ谷と呼ぶ。登山道は中腹までこの谷沿いについており、昔からダルメキ谷ルートと呼び習わしていた。現在、この名称はあまり使われていないようだが、谷や尾根につけられた古い名前はできるだけ残しておきたい。

本題に戻ろう。登山口の標高は約２５０メートル。目指す井原山山頂とは、約７３０メートルの標高差がある。したがって、それなりにきついし、体力も必要だ。にもかかわらず、季節を問わず登山者が絶えないのは、それだけ魅力がある

瑞梅寺登山口。糸島市が設置した山ナビ BOX がある。その隣の道標に従って林道を詰めてゆく。

瑞梅寺登山口の駐車場とトイレ。

最初の渡渉点。沢の幅が広いから、慎重に渡ろう。特に増水時は要注意である。

最初の渡渉点からしばらくで舗装林道（第３雷山浮嶽線）に飛び出す。

林道を詰め上げると、周囲は植林に変わる。この林道沿いにもけっこう野草が多い。

からにほかならない。

　歩き始めは、登山口を背にして左手の舗装林道へ。取りつき点まで長い林道歩きである。春〜秋にかけては道沿いに野の花が多く、さほど退屈しない。

　「井原山山頂」の道標が立つ木の橋を渡った奥が最初の渡渉点で、これを渡れば本格的な山道だ。右手に沢を見下ろしながら植林の中を歩くと、ほどなくして前方が開け、林道第3雷山浮嶽線に出る。

　横断して植林帯を抜けると、木の橋の架かる渡渉点に至る。これ以降、二、三度渡渉し、沢に沿って詰め登ると左手に小滝を見て、間もなくアンの滝が前方に姿を現す。この間はとりわ

アンの滝の少し先まで美しい渓流に沿って歩く。この谷をダルメキ谷と呼び、かつてはダルメキ谷ルートとして知られていた。

渡渉点にはいくつか木の橋が架けられている。濡れているときは滑りやすい。気を抜かないこと。

アンの滝のそばで咲き誇るラショウモンカズラ。このルートは花が多く、春〜初秋はなかなか足が前に進まない。

急登の途中にある平坦地。ベンチがありがたい。急登は水無尾根分岐まで標高差にして約 200 メートルあり、この地点で約３分の２である。

イチリンソウ。ニリンソウやジロボウエンゴサクとともに春の登山道を彩る。

水無尾根分岐をすぎたあと隠れピークを一つ越し、石灰の露岩帯に差しかかる。左手はヒノキの植林だ。

アンの滝の上部から九十九折れの急登が始まる。

け野の花が多く、花好きにとっては心ときめくエリアだろう。

アンの滝は落差13メートル。左を指す道標に従えば、滝壺のすぐそばまで近寄れる。春にはニリンソウやラショウモンカズラ、秋には群生するオタカラコウが周辺を華やかに彩る。滝壺のそばにはヤマザクラの大木もあり、花吹雪が舞うころも風情がある。

道標まで戻ったら、その先で林間歩道分岐を左手に見送り、古いベンチのある地点で沢から離れて左へ折れ、尾根に取りつく。この先が脊振山系において一、二を争う長くてきつい上りである。標高差は約２００メートル。息が上がらないようゆっくり歩くほかない。

自然林の中を九十九折れに登ると、やがてベンチのある平坦地に出合う。こぢんまりとした空間ながら、呼吸を整えるのに貴重な場所だ。傾斜の緩む水無尾根分岐まで残り約70メートルの標高差。ひと休みしてゆくに限る。

きつい斜面の急登が終わると、水無尾根への道を左に分ける。道なりに登り、照葉樹林に包まれた薄暗い隠れピークを一つ越えて登り返すと、石灰の露岩帯に差しかかる。再び急になり、傾斜が緩むのは露岩帯を抜けた地点。

この先、稜線合流点までまだしばらくかかるが、比較的なだらかである。落葉樹林の中に続く踏み分け道は四季を問わず清々しく、気持ちがいい。稜線に合流したら、左を取って数分の上りで山頂である。

復路は、往路を水無尾根分岐まで戻って右を取る。ヤセた尾根を下るとほどなくしてアンの滝分岐に出合い、今度は左へ。この道が山腹を巻いてアンの滝の上部へ至る林間歩道である。

歩く人が少ない割に道はしっかりしているが、尾根の急な下りやトラバース時に足場の悪い所がある。最

水無尾根分岐から稜線に出るまでも長く感じる。石灰岩帯を抜けて清々しい自然林の森をたどる。積雪時の眺めも美しい。

展望抜群の井原山山頂。きつい上りが続くだけに達成感が込み上げてくる。

復路は水無尾根分岐から右を取って下る。

後はアンの滝上部の沢を渡って尾根を巻き、もう一度渡渉すれば、ダルメキ谷ルートに合流する。

山行アドバイス

①単純標高差700メートルを超える脊振山系の中ではハードなルート。しかし、滝や渓谷美、花の多さ、清々しい尾根歩きなど変化に富んでおり、山登りの醍醐味が凝縮されている。

②登山道は硬く踏まれ、道標も整備されている。特に危険な所や迷いやすい所はないが、渡渉点が多い。増水時には特に注意が必要である。

③林間歩道も問題なく歩けるが、どちらかといえばベテラン向き。自信がない人は往復にしよう。

水無尾根にあるアンの滝分岐。反対方向から写しており、実際には左折して林間歩道に入る。

トラバースが始まると、足場の悪い所が数ヵ所出てくる。慎重に歩こう。

林間歩道は、最初は尾根を下り、そのあとトラバースする。それなりにアップダウンがある。

最後は、アンの滝の上部で往路のダルメキ谷ルートと合流する。右を取って下る。

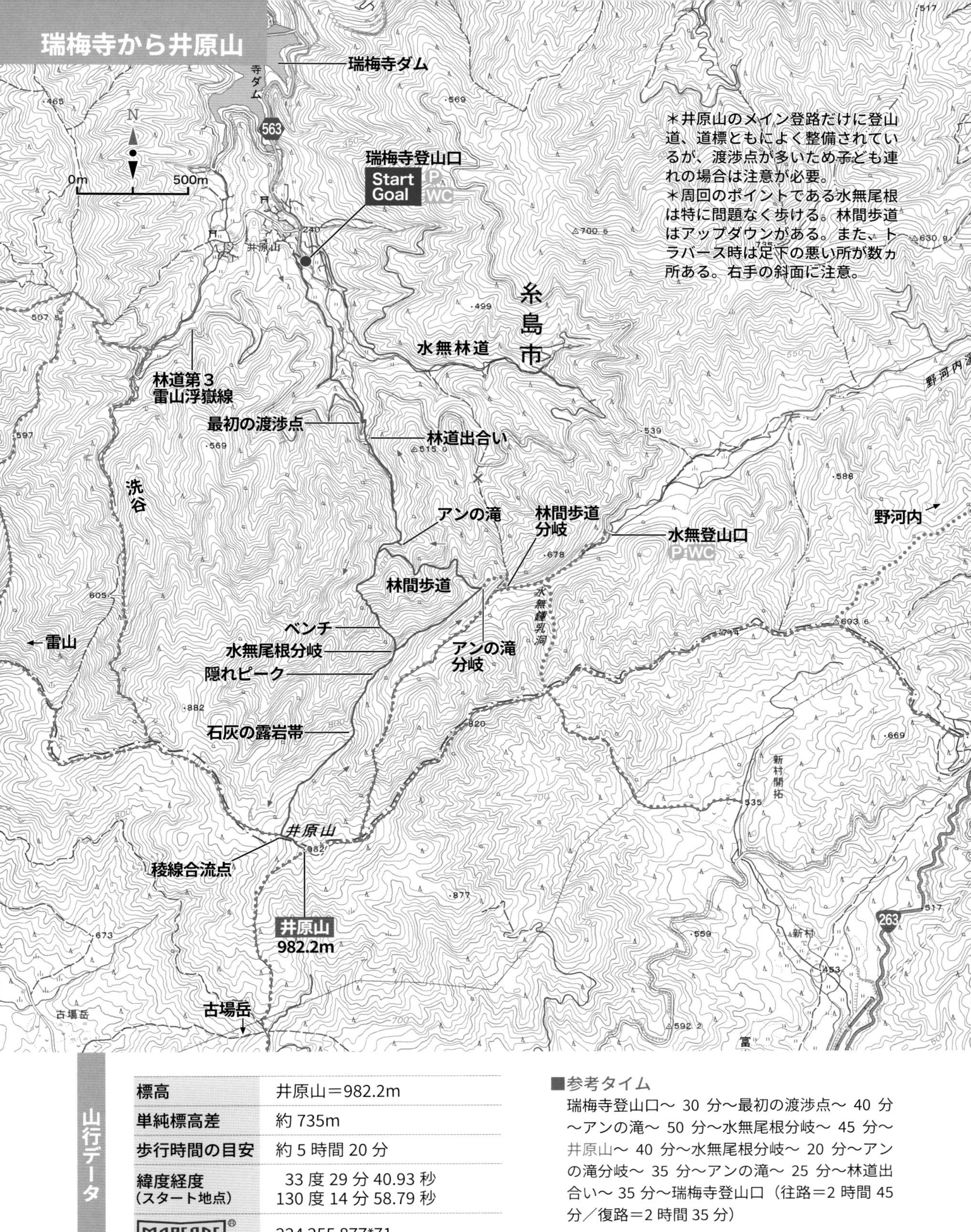

標高	井原山＝982.2m
単純標高差	約 735m
歩行時間の目安	約 5 時間 20 分
緯度経度（スタート地点）	33 度 29 分 40.93 秒 130 度 14 分 58.79 秒
MAPCODE®	224 255 877*71

山行データ

■参考タイム

瑞梅寺登山口～ 30 分～最初の渡渉点～ 40 分～アンの滝～ 50 分～水無尾根分岐～ 45 分～井原山～ 40 分～水無尾根分岐～ 20 分～アンの滝分岐～ 35 分～アンの滝～ 25 分～林道出合い～ 35 分～瑞梅寺登山口（往路＝2 時間 45 分／復路＝2 時間 35 分）

■関係市町村

糸島市観光協会＝092（322）2098

10

水無から井原山（周回）

人気は山系中トップクラス、絢爛たるお花畑ルートを歩こう！

＊手強いのは一ヵ所だけ、ビギナーでもＯＫ！

水無ルートに咲くスプリング・エフェメラル、ニリンソウ。例年、３月下旬から４月初旬ごろに開花して登山道を彩るとともに、所々でお花畑を形づくる。

登山口の「水無」は水無谷に由来するが、実際のところ、水量は豊富である。しかしながら、周辺には脊振山系で唯一石灰岩層が広がっており、二つの鍾乳洞がひっそり口を開けている。北九州市の平尾台を例に出すまでもなく、石灰岩層には珍しい野草が多い。

とりわけスプリング・エフェメラルに始まる早春から5月にかけての水無ルートは、まさにお花畑の観を呈する。加えて、ゴールデンウイークのころに山頂付近を彩るコバノミツバツツジ、夏の登山道を妖しく飾るオオキツネノカミソリ、秋に点在するレイジンソウと、冬を除けば花に事欠かない。それがこのルートの最大の魅力である。

登山口は、糸島市の瑞梅寺（ずいばいじ）から離合もままならない狭い水無林道を上り詰めた所にあるが、そんなハンディをものともせず、四季を通じてたくさんの登山者を集めている。舗装された駐車場、水洗トイレがあるのも人気の要因だろう。

ルートの前半は沢沿い歩きで、駐車場から案内板の前を通り、沢に下りてスタート。渡渉を繰り返しながら緩く登ってゆくと、新村分岐に出合う。その先、左手に苔むした石灰岩のこうぞう岩（こうぞうはフクロウのこと）を見て進み、浅瀬を渡る。

次のランドマークが林間歩道分岐。右手の斜面から小径を合わせ、さらに歩を進めると美しいケヤキ林に

水無登山口。この手前に舗装された駐車場が広がる。水洗のトイレも完備。

新村分岐の目と鼻の先にあるこうぞう岩。石灰の露岩が積み重なっている。岩の下から湧き出る清水は美味しい！

ケヤキの大木がそびえる林間歩道分岐。右手の斜面に明瞭な踏み跡がある。復路はここに下りてくる。

水無ルートを飾るオオキツネノカミソリ。すっかり夏の井原山の風物詩として定着した感がある。

新村分岐。左を取って沢を詰め上げると稜線の四差路に出合う。

なる。しっとり落ち着きのある森で、特に初夏の新緑、秋の黄葉は風情がある。途中にベンチがあり、ひと休みしてゆくといい。

沢沿い歩きはこの先で終わり、点在するスギの大木を抜けると、支尾根の急登が待っている。稜線に出るまで標高差は約１５０メートル。それまでがあまりにも緩やかだったから、特に最初の１００メートルは急できつい。初めての場合は

稜線と合流したら右を取って井原山山頂を目指す。ゴールデンウイークのころはコバノミツバツツジが出迎えてくれる。

苔むした石灰の露岩を縫って進む。四季を問わず、気持ちのいい道だ。

上りにしろ下りにしろ骨の折れる支尾根の急登。途中にロープ場が二ヵ所ある。

面食らうかもしれない。

ブナやコナラの落葉樹の中、手足を使ってよじ登ると次第に傾斜は緩み、ミヤコザサが現れたらほどなくして稜線に出合う。5月初旬ならば、華やかなコバノミツバツツジが出迎えてくれるだろう。

山頂は、合流点からひと上りの所。白っぽい砂の大地は広くて心地よい。展望も申し分なく、文字通り四囲が開けている。

下山は、雷山方向へ少し下った所にある瑞梅寺分岐から右へ折れる。「井原山自然歩道ルート」と呼ばれる尾根道で、そのまま道なりに下ればアンの滝を経て瑞梅寺登山口に至る。水無登山口に戻るには、途中にある水無尾根分岐から右折してヤセた尾根を下る。

このヤセ尾根の一部にも石灰岩層があり、春から秋にかけて花が目を楽しませてくれる。左手に林間歩道分岐を見た先がベンチのある鞍部で、右手の斜面につけられた小径を慎重に下れば、往路で見送った林間歩道分岐に下り立つ。

季節が春ならば、小径の右手をゆっくり見て歩こう。エイザンスミレ、ツルカノコソウ、ヤマルリソウ、ヒトリシズカなどが微笑んでいるはずである。

山行アドバイス

①登山口には舗装された駐車場が整備されているが、ハイシーズンには満車になることも珍しくない。そんなときは林道脇の邪魔にならないスペースに節度を持って駐車のこと。

②登山道は硬く踏まれ、道標も整備されている。特に危険な所や迷いやすい所もない。強いて挙げれば、沢を詰めたあとに支尾根の急登がある。往復で下りに使う際は特に注意しよう。また、渡渉地点が数ヵ所ある。増水時には用心のこと。

③稀少植物が少なくない。盗掘はもちろんのこと、写真を撮る際も踏みつけないように十分配慮したい。

自然歩道の途中から右に折れ、ヤセた水無尾根へ。

ベンチのある鞍部。ここから右へ斜面を下れば、往路の林間歩道分岐に出合う。

山行データ

標高	井原山＝982.2m
単純標高差	約 440m
歩行時間の目安	約 3 時間
緯度経度（スタート地点）	33 度 29 分 1.05 秒 130 度 15 分 49.85 秒
MAPCODE®	224 255 555*85

■参考タイム

水無登山口〜 25 分〜林間歩道分岐〜 50 分〜稜線合流点〜 15 分〜井原山〜 40 分〜水無尾根分岐〜 30 分〜林間歩道分岐〜 20 分〜水無登山口（往路＝1 時間 30 分／復路＝1 時間 30 分）

■関係市町村

糸島市観光協会＝092（322）2098

11 洗谷から井原山（周回）

＊手強い難所が連続するテクニカルルート

山系きっての難路の先にある達成感と充実感を求めて

脊振山系きっての難ルートといえば、洗谷ルートの名が真っ先に挙がる。井原山の表玄関とも言うべきダルメキ谷ルート（井原山自然歩道）の西隣にあって、深く険しく、容易に人を寄せつけない。数ある渡渉点はもとより、幾多の滝や滑を擁し、それらを巻くために懸崖を攀じる場所もある。

この洗谷ルートを往路に使い、井原山山頂に立ってダルメキ谷ルートを下る変化に富んだ周回ルートをガイドしよう。

ただし、ビギナーは不可。単独行もおすすめできない。また、下りに使うのも禁物だ。文字通り両手両足に加えて、頭も駆使しなくてはならず、リスクマネッジメントや読図など技量のある山慣れした人向けのルートと考えたい。

取りつき点は、林道第3雷山浮嶽線のふぢ橋のたもとにある。その北側の砂防堤下（中腹自然歩道入り口）に駐車スペースがあり、そこをスタート地点とする手もあるが、それよりもむしろ駐車場とトイレ完備の瑞梅寺登山口から出発するほうがいい。復路がずいぶんと楽だから。そこで、いったん北へ下り、瑞梅寺山の家の前を通って取りつき点を目指す。

入山後、道はしっかりしているが、間もなく老朽化して崩れ落ちた橋に出合う。最初の難所である。橋が架かっていたくらいだから、足下は滑滝ふうで深い。ここは倒木を手がかりに慎重に渡渉する。もし恐怖を感じたら無理をせず引き返そう。ここをクリアできなければ、この先は厳しい。

さて、ここからいよいよ洗谷劇場の始まりだ。渡渉を繰り返しながら歩を進めるが、広い沢、深い沢がある。おまけに黒っぽい岩がよく滑る。そうこうしているうちに沢の縁の岩場をへつる場所が次々に現れる。緊張しながらも、難所を楽しむくらいの余裕が心に必要かもしれない。

実際、ほとばしる水は清

源頭部が近づくと踏み跡は薄くなり、ケルンが道案内。道標はない。洗谷ルートには福博近郊の山とは思えない秘境感が漂っている。

二段ノ滝。この先に滝を攀じって垂直気味に岩場を登る難所がある。

岩場をへつる地点も数ヵ所ある。とにかく黒い岩がつるつる滑る。

洗谷取りつき点に向かう途中、井原山を望む。

ふぢ橋の洗谷取りつき点。小さな私標がある。

老朽化した橋が崩壊。ここは倒木を手がかりに渡渉する。簡単そうだが、足下は深く切れ落ちている。ここをクリアできないなら迷わず撤退しよう。

小さな野草が束の間緊張を解いてくれる。難所だらけだが、このルートには野草が多い。

く、岩を覆う苔の緑は新鮮だ。また、足下には野草も多い。初めて訪れる場合、福博近郊からさほど遠くない山にこんな秘境感の漂う自然が残っていたのかと感嘆することだろう。

　慌てず慎重に沢を詰めてゆき、じわじわ高度を上げるにつれて渓相は隘路（あいろ）の趣を成す。道標はなく、二俣（沢と沢の出合い）では先人が積んだケルンが手がかりだ。これといったランドマークもない中、やがて二段ノ滝に遭遇する。その前を右に抜けると、滝の下部から右手の岩場を垂直気味に攀じる難所が控えている。足下は滑る。水量が多いときは特に気をつけよう。

　この二段ノ滝付近でも標高はまだ700メートルに届いていない。目指す稜線まで残り170メートル余り。源頭部が近づくと、水量のない沢の中を進む形になり、前方に稜線が迫ってくる。

　だが、最後にきついロープの上りが待ち受けている。一つクリアして、もう一つ。風化花崗岩の滑る斜面を登り切ると、ミヤコザサの中の平坦地に飛び出す。ふと緊張の緩む瞬間だ。稜線はそこから右へ数分の所。合流点で左折し、稜線をたどること約30分で井原山の山頂である。

　復路は、山頂から西へ少し戻り、瑞梅寺分岐から右折。落葉樹とミヤコザサの

ロープが下がる岩場の上り。稜線が間近に迫るものの、まだまだ気の抜けない急登が続く。

ミヤコザサが茂る稜線に合流すると、ふと緊張が緩む。洗谷ルートに比べれば、この先は天国である。

稜線直下の斜面の上り。風化花崗岩の足下はずるずるで手がかりはなく、ロープを頼るほかない。

井原山山頂から脊振山方向を望む。近年は好天の日でも遠景がすっきり抜けることがない。それが残念。

踏み分け道をたどり、石灰の露岩帯を下る。その先で水無尾根分岐を右手にやりすごす。

　そこからアンの滝まで急な下りが続き、スタート地点の登山口までいささか長いものの、登山道は硬く明瞭だ。途中にあるベンチやアンの滝で休憩を入れながら、のんびり下ろう。早春から晩秋まで山野草が多いのも魅力である。

山行アドバイス

①本文でも記したが、リスクマネッジメントや読図など技量のある山慣れした人向けのルート。安易に入山すると、立ち往生しかねない。とはいえ、一度はたどっておきたいルート。最初は、歩いたことのある人に同行をお願いし、経験を積むとよい。

②稜線合流点から西へ雷山を目指し、雷山・井原山中腹自然歩道を使って周回する手もある。その場合は、ふぢ橋の北にある砂防堤下のスペースに駐車する。ただし、この周回は歩行距離がずいぶん長く、健脚向きである。

淡い緑にヤマザクラが映える春のアンの滝周辺。落葉樹が多く、四季折々に楽しみがある。

この橋を渡れば、林道出合いは近い。長時間の歩行で体は疲れているが、心は軽いはずである。

山行データ

標高	井原山＝982.2m
単純標高差	約 735m
歩行時間の目安	約 5 時間 25 分
緯度経度（スタート地点）	33 度 29 分 40.93 秒 130 度 14 分 58.79 秒
MAPCODE®	224 255 877*71

■参考タイム

瑞梅寺登山口〜 30 分〜洗谷取りつき点〜 15 分〜橋崩壊地点〜 45 分〜ロープ岩場の上り〜 45 分〜二段ノ滝を巻く〜 30 分〜稜線合流点〜 30 分〜井原山〜 40 分〜水無尾根分岐〜 30 分〜アンの滝〜 25 分〜林道出合い〜 35 分〜瑞梅寺登山口（往路＝3 時間 15 分／復路＝2 時間 10 分）

■関係市町村

糸島市観光協会＝092（322）2098

ファミリーでも歩ける アップダウンの少ない最短ルート

三瀬峠は、福岡と佐賀を結ぶ要衝だった。「だった」というのは、2008年に三瀬トンネル有料道路が完成（福岡市側ループ橋供用開始時点）し、その役目を終えたからである。今では通る車両も減ったが、山を楽しむ人にとっては昔ながらの拠点の一つである。

古場岳登山口は、三瀬峠の南（佐賀県側）を走る雷山横断林道にあり、福岡市側からは三瀬峠をわずかに下って右折する。同林道は完全舗装で普通車でも大丈夫。ただし、登山口に駐車場はなく、路肩の広くなった所に駐車する。おすすめは、古場岳橋の手前右手（地図参照）。

そこから林道を北へたどって古場岳橋を渡り、右手の舗装路へ入る。周辺はかつて別荘地として開発された所で、今なお建物を散見し、民家もある。右下に沢を見下ろしながら舗装路を登り詰めると舗装は途切れる。そこが取りつき点。薄暗い植林帯の中に硬く踏まれた道が続く。

途中、右手に踏み跡を分け、奥に簡易的な橋が見えるが、この道は九電の鉄塔巡視路。ここは道なりに直進する。小沢を渡り、しばらくすると頭上が開け、未舗装林道に突き当たる。天気のいい日ならば、さんさんと降り注ぐ陽光に元気をもらえることだろう。

左を取ってわずかで未舗装林道と別れ、右手に高々とそびえ立つ鉄塔の下へ。山頂から南へ延びる主尾根に取りつく。自然林に包まれた尾根道で、山頂まで迷う所のない一本道である。上り一辺倒だが、傾斜は緩やかで危険な所や胸突き八丁の急登もない。小さな子ども連れでも歩ける所以である。四季折々に装いを変える自然林を楽しみながらのんびり登っていこう。

途中、右手に「この坂のぼれば」と書かれたプレートが木に掛けてあり、その辺りからやや急な上りが始まる。だが、そう長くは続かない。コバノミツバツツジのけっこう太い株が姿を現し、5月のゴールデンウイークのころは、とりわけ最高に楽しい山登りになること請け合いである。

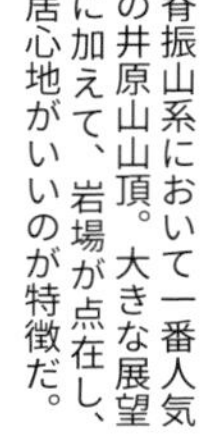

脊振山系において一番人気の井原山山頂。大きな展望に加えて、岩場が点在し、居心地がいいのが特徴だ。

古場岳ルートの駐車地点。三瀬峠側からであれば、古場岳橋の手前のカーブ付近になる。

雷山横断林道から右手の舗装路に入る。井原山を示す小さな道標が目印だ。

別荘地帯の中の舗装路を登り詰める。取りつき点は、最後の民家を左手に見た先にある。

植林帯の中を緩く登ってゆく。渡渉点もある。

山頂直下で右手に植林帯を見るが、登山道は緩やかに続き、頭上が開けたらわずかで岩が点在する山頂に

植林帯を抜け、ミヤコザサが多くなると未舗装林道出合いは近い。

未舗装林道出合い。左へ進む。

右手にそそり立つ鉄塔。未舗装林道からこのたもとへ右折して山中に入ってゆく。

飛び出す。北に玄界灘、南に天山や雲仙、東と西に長い脊振山系の稜線を望む胸のすく眺めを堪能しよう。

山行アドバイス

①道標類は少ないものの、登山道は硬く踏まれ、安心して歩ける。復路は往路を戻るが、四方に登山道が延びている。ガスなどで視界が悪い際は下り口を間違えないよう注意したい。

ランドマークが少ないこのルートの中でひときわ目立つ道標。この先からやや急な上りとなる。

山頂から南側を望む。一番奥にうっすらと浮かぶシルエットは雲仙である。

自然林に包まれた尾根を登る。コバノミツバツツジの大きな株が点在する。

井原山山頂からはルートが四方に延びている。下山時は、この道標を確認しよう。

②登山口にトイレはない。最寄りのコンビニ等で済ませておこう。また、山中に水場はない。事前にたっぷり準備のこと。

③山頂直下の登山道脇にヤマボウシが数本点在している。いずれも背が高く、注意して歩かないと気づかないかもしれない。

古場岳から井原山

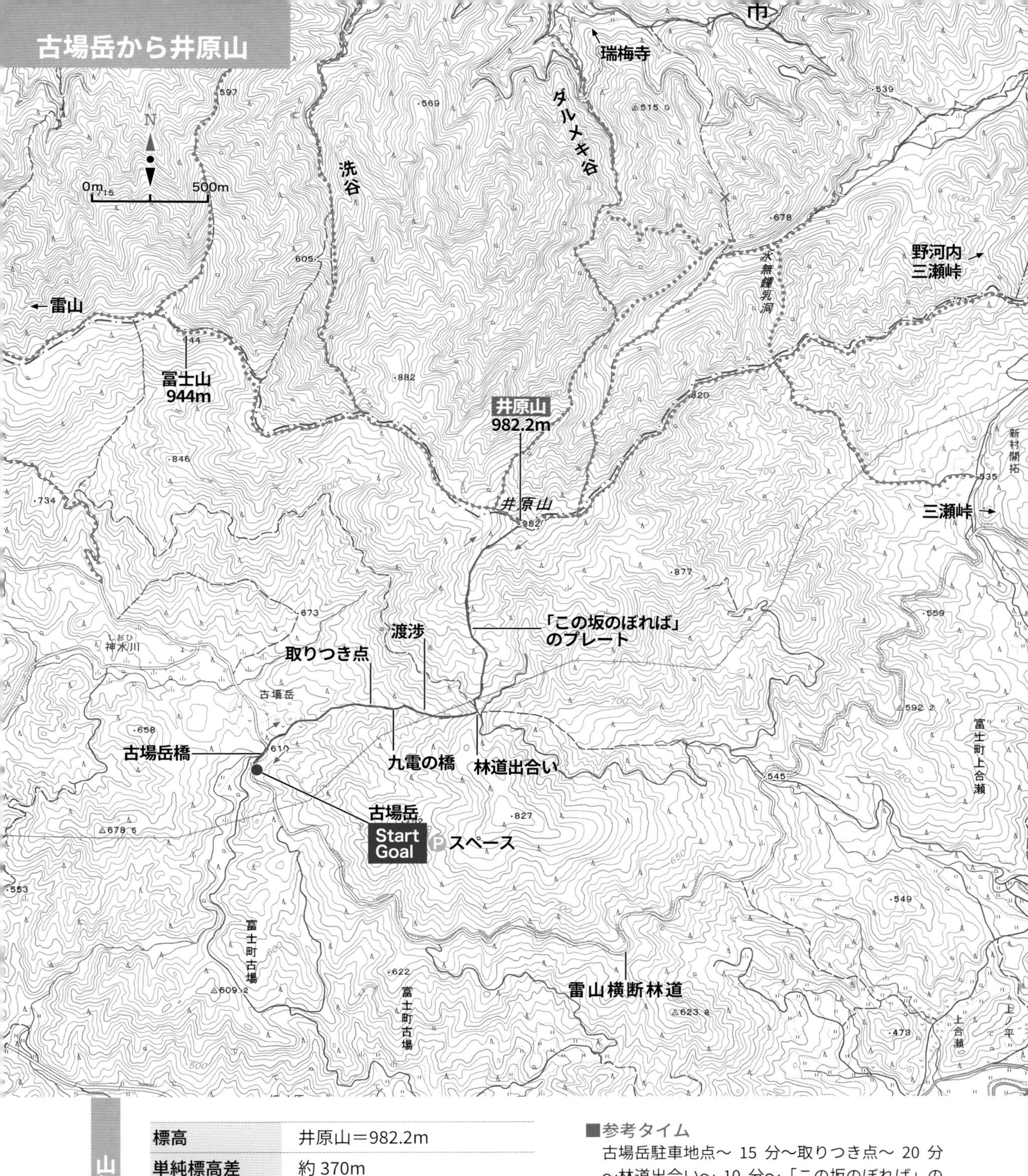

山行データ

標高	井原山＝982.2m
単純標高差	約 370m
歩行時間の目安	約 2 時間
緯度経度 （スタート地点）	33 度 27 分 39.32 秒 130 度 14 分 15.49 秒
MAPCODE®	224 163 055*73

■参考タイム

古場岳駐車地点～ 15 分～取りつき点～ 20 分～林道出合い～ 10 分～「この坂のぼれば」のプレート～ 20 分～井原山～ 25 分～林道出合い～ 15 分～取りつき点～ 15 分～古場岳駐車地点（往路＝1 時間 5 分／復路＝55 分）

■関係市町村

佐賀市富士支所＝0952（58）2111

13

新村から井原山（周回）

＊寂れた感はあるが、登山道は明瞭

佐賀県側から井原山を周回する際の貴重なルート

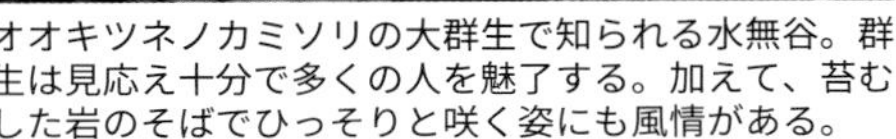

オオキツネノカミソリの大群生で知られる水無谷。群生は見応え十分で多くの人を魅了する。加えて、苔むした岩のそばでひっそりと咲く姿にも風情がある。

井原山へ最短ルートは佐賀県佐賀市の古場岳からであるが、その東の新村（しんむら）からも稜線に向けて登山道が延びている。この道は、春のスプリング・エフェメラル、夏のオオキツネノカミソリで知られる水無谷へ通じており、縦走時のエスケープルートとしても、水無谷や水無尾根を組み合わせた周回ルートを設定するうえでも貴重である。

アプローチの目印は三瀬峠で、そこから佐賀県側へ少し下った地点に入り口のある雷山横断林道へ。この林道は東の三瀬峠と西の長野峠を結んでおり、完全舗装。普通車でもOKである。前項の古場岳はこの途中にある。

そして、もう一つの目印が新村大橋。この手前（三瀬峠側）の路肩に駐車スペースがある。その他、橋を渡って右折したすぐ右手の草地、橋の下の路肩などにもスペースがあるが、いずれにしても取りつき点までは舗装路をたどる。

「車、この先行き止まり！

新村大橋付近。橋の手前（三瀬峠側）と電柱の横、橋の下などに駐車スペースがある。

林道入り口のゲートを抜けて、里山の風景の中を西へたどり、取りつき点を目指す。

稜線の四差路に立つ道標。直進すると水無谷へ。左を取って時計回りに周回する。

取りつき点は廃屋となったログハウスのすぐ先にある。玄海幹線136号の標柱が立つ。右の山道へ。

歩き始めは倒木が多くて不安になるかもしれないが、登山道は明瞭で稜線まで問題なく歩ける。

井原山へ続く稜線の縦走路は、ミヤコザサと広葉樹に包まれている。

出口なし」の看板を見て集落内に入り、左手の防火水槽の先にあるゲートを抜けて林道に入る。あとは里山の風景の中を道なりに登り、廃屋になったログハウスを左手に見た先、林道のカーブ地点から右の山道に取りつき、植林の中を進む。

歩き始めは倒木が多く、初めての場合は不安になるかもしれない。だが、潜ることも迂回することもなく、歩くに支障はない。植林と倒木のせいか、やや荒れた雰囲気はあるものの、登山道は明瞭である。

渡渉した先で道が二手に分かれる所は右を取り、沢に沿って詰め上げてゆくと、やがて岩場に出合う。といっても規模は小さく、難なく通過できる。稜線はもうすぐだが、最後に照葉樹林の中の上りが待っている。

ひと上りで稜線に出ると、そこは四辻。右は三瀬峠や野河内方面への下り。直進は水無谷へ。ここは左を取って縦走路をたどる。もちろん、直進して水無谷へ下り、反時計回りで周回してもよい。ポイントは、水無谷の奥にある急な支尾根を上りと下りのどちらで使うかである。

左を取り、ミヤコザサの踏み分け道を登る。高度を上げるにつれて急になり、境界見出標のある小ピークに達するまで隠れピークが多く、けっこうきつい。辛抱のしどころだ。小ピークからは先はなだらかで、水無谷への分岐をすぎると間もなく山頂である。

展望の頂でくつろいだら往路を水無分岐まで戻り、左を取ってブナの多い支尾根を急降下する。ここが前述したポイントで、上りも下りも骨が折れる。途中、ロープ場が二ヵ所ある。慎重に下ろう。

下り切ったらスギ林の中を渡渉して、右手に沢を見ながら明瞭な踏み跡をたど

小ピークにある境界見出標。ここまで隠れピークが多く、アップダウンが続き、けっこうきつい。

白砂の大地に岩が点在する井原山山頂。好天の日は平日でも登山者が多い。

支尾根を急降下するとスギ林に変わる。

小ピークをすぎるとなだらかな上りになり、コバノミツバツツジやヤマツツジが多くなる。

る。この先はまさに野草の宝庫。早春から秋にかけてさまざまな花が咲き乱れる。加えて、きらめく樹林や苔むした石灰岩のハーモニーも格別だ。四季折々、何度も歩きたくなるプロムナードである。

こうぞう岩まで下り、すぐの新村分岐は右を取る。5月中旬から晩秋にかけての分岐付近はコクサギが生い茂ってヤブっぽく、沢沿いの道は踏み跡の薄い部分もある。慎重に詰めてゆこう。意外と急な源頭部を登り、傾斜が緩んだらミヤコザサの踏み分け道を左へカーブ。稜線の四差路はすぐそこ。あとは往路を戻るだけである。

山行アドバイス

①新村集落内にも駐車スペースはあるが、住民に迷惑をかけてはいけない。新村大橋周辺に駐車して歩こう。また、稜線の四差路まで道標はない。倒木が多く、やや荒れた感はあるものの、登山道自体はしっかりしている。

②本文でも述べたが、ルート設定のポイントは水無谷奥の急な支尾根にある。上り下りともに手強いが、危険度から言うと、上りで使うほうがいいかもしれない。その場合、復路は瑞梅寺方面へ回り、水無尾根分岐から右を取って下り、水無谷へ戻る手もある。そうしたバリエーションが楽しめるのもこのルートの魅力と言ってよかろう。

水無谷を下って新村分岐へ向かう。3月下旬ごろはオオキツネノカミソリが若葉を茂らせている。

新村分岐から右を取り、沢を詰めて稜線の四差路を目指す。初夏〜秋にかけてはヤブが濃くなる。

新村から井原山

山行データ

標高	井原山＝982.2m
単純標高差	約 470m
歩行時間の目安	約 4 時間 20 分
緯度経度 （スタート地点）	33 度 28 分 12.65 秒 130 度 16 分 14.06 秒
MAPCODE®	224 167 746*02

■参考タイム

新村大橋～ 20 分～取りつき点～ 25 分～岩場～ 10 分～稜線の四差路～ 35 分～小ピーク～ 20 分～水無分岐～ 15 分～井原山～ 10 分～水無分岐～ 45 分～新村分岐～ 30 分～稜線の四差路～ 30 分～取りつき点～ 20 分～新村大橋（往路＝2 時間 5 分／復路＝2 時間 15 分）

■関係市町村

佐賀市富士支所＝0952（58）2111

14 三瀬峠から金山（往復）

＊距離は長いが、ビギナーでもOK！

いぶし銀の魅力を放つ名ルート。樹林の美しさは格別！

福岡県と佐賀県を結ぶ国道263号・三瀬峠から稜線を南東へたどるルート。派手さこそないものの、硬く踏まれた登山道はとても歩きやすい。なにより植林のない樹林の美しさは格別で、いぶし銀の魅力を放つ名優のごとき趣である。

登山口である三瀬峠の標高は約580メートル。金山の各登山口の中では最も高所に位置しており、金山との単純標高差は400メートル足らず。とはいえ、途中に三瀬山（790）、城ノ山（845・9）といったピークがあり、それなりのアップダウンを強いられる。その点を頭に入れて出発しよう。

取りつき点は峠を上り詰めた国道沿いにあり、案内板が立っているから迷うことはない。駐車は、国道の西側に5～6台。満車の際は、佐賀県側の古場岳方面へ入る雷山横断林道入り口にもスペースがある。マナーを守って駐車のこと。

取りついてすぐ左手に地蔵様のおわす石祠を見て、照葉樹林の中に続く明瞭なトレースをたどる。ほどなくして頭上が開け、脊振山系の顕著な植生の一つ、ミヤコザサが両脇に現れるが、そう長くは続かない。

取りつき点は国道 263 号を上り詰めた三瀬峠にある。三瀬トンネル有料道路と間違えないように。道路を挟んだ向かい側に駐車スペースがある。

じわじわ高度を上げてゆき、シロモジやリョウブといった落葉樹が交じる樹林帯をすぎると、ひと上りで平たいピークの一端に出る。

ここにはなぜか赤い花を咲かせるサザンカの大木が一本ある。園芸種と思われるが、遠い昔に鳥が種子を運んだのだろうか。不思議で

三瀬山の手前には園芸種と思しきサザンカの大木が一本ある。

南東へ延びる登山道は硬く踏まれており、とても歩きやすい。迷う所もほとんどない。

心ときめくシロモジ林の鞍部。ちなみにシロモジは城ノ山の手前辺りまで点在しながら続く。

最初のピーク、三瀬山。平らすぎて、このプレートがないと、どこが頂だか分からない。

ならない。

そのすぐ先が三瀬山の山頂で、木に吊された山頂標識が出迎えてくれる。ただし、展望はない。小休止を取るなら、山頂から20メートルほど下った鞍部がいいだろう。周囲はシロモジ林で、四季折々に心ときめく景色を満喫できる。とりわけレモンイエローに染まる秋の紅葉期の眺めは素晴らしい。このルートのハイライトの一つと言ってよい。

鞍部から50メートルほど高度を稼ぐと再び平坦にな

展望所から望む端正な山容の金山。ここからだとずいぶん遠くに感じる。

城ノ山山頂には四等三角点がある。残念ながら、樹林に囲まれて展望は利かない。

朝陽が射す登山道。金山・三瀬峠ルートの魅力は、なんと言っても照葉樹と落葉樹の混交林の美しさにある。

左手に花乱ノ滝ルートを合わせるアゴ坂峠。樹林の美しい広々とした鞍部で、ひと休みするにはもってこいの場所である。

山中地蔵分岐をすぎると、最後の上りが待ち受けている。標高差は 100 メートルほど。ゆっくり登ろう。

り、樹林に包まれたヤセ尾根を進むこと数分で四等三角点のある城ノ山の山頂に到着する。この地点で行程(片道)の三分の一ほど。まだ先は長い。

山頂から緩く下ると、前方に岩場が見えてくる。道標や案内板はないが、岩を右手に乗っ越してすぐの所に展望所があり、端正な山容の金山を正面に望む。ここからやや急な下りに変わる。加えて、照葉樹の落ち葉に覆われた登山道は滑りやすい。慎重に下ろう。

斜度が緩むと、間もなく広い鞍部に下り立つ。右手に道標が立ち、左手に花乱ノ滝ルートを合わせる。ここがアゴ坂峠。照葉樹林に包まれて薄暗いが、広々として心地よく、小休止にちょうどよい場所だ。

ひと息入れたら、50メートルほど緩く登る。その後は平坦な道が続き、広くて浅い谷間を抜け、右手から道を合わせる。山中地蔵分岐である。ここから北東に進路を変え、最後の標高差約100メートルの上りに取りかかる。

登りきったら三差路に出合い、ブナ林とミヤコザサのヤセ尾根を左へ数分で金山山頂に飛び出す。広くはないが、一等三角点が存在感を示し、南に展望が開けている。

復路は、往路を忠実になぞろう。とりわけ山頂付近からは幾つかルートが延びている。間違えて別の登山口に下りるとリカバリーが大変だ。十分注意したい。

稜線の三差路から左を取り、ブナが点在するヤセ尾根をたどる。

一等三角点のある金山山頂。

山行アドバイス

①稜線歩きだけに登山道は明瞭である。分岐は三ヵ所で、迷いやすい所もほとんどない。道標も整備されており、安心して歩ける。

②特に危険な所はないが、展望所付近にちょっとした岩場がある。また、その先のアゴ坂峠までの下りは急だ。転倒に注意のこと。ちなみに、城ノ山(845・9)とアゴ坂峠の標高差は100メートルを超える。

山行データ

標高	三瀬山＝790m 城ノ山＝845.9m 金山＝967.1m
単純標高差	約 385m
歩行時間の目安	約４時間
緯度経度 （スタート地点）	33 度 28 分 27.81 秒 130 度 16 分 53.35 秒
MAPCODE®	224 199 421*43

■参考タイム
三瀬峠登山口～ 35 分～三瀬山～ 25 分～城ノ山～ 30 分～アゴ坂峠～ 15 分～山中地蔵分岐～ 25 分～金山～ 15 分～山中地蔵分岐～ 15 分～アゴ坂峠～ 30 分～城ノ山～ 20 分～三瀬山～ 30 分～三瀬峠登山口（往路＝2 時間 10 分／復路＝1 時間 50 分）

■関係市町村
佐賀市三瀬支所＝0952（56）2111
福岡市早良区役所＝092（841）2131

15

花乱ノ滝から金山（周回）

沢と樹林と苔むした岩が織り成すドラマチックな登山道

＊危険箇所あり、ビギナーだけの入山は禁物

山頂直下まで起伏のある谷に刻まれた沢を詰め上げる。美しい樹林と苔むした岩が奏でるハーモニーは味わい深い。写真は、沢の縁を抜ける地点。ロープが渡してある。

マイカーなど高嶺の花だったころの登山は、公共交通機関＋徒歩しかなく、麓の里から歩き始めるのが当たり前だった。「花乱ノ滝ルート」という名称はその当時の名残りで、登山道沿いに滝があるわけではない。

今では狭いながらも林道が延び、花乱ノ滝はアプローチの途中に立ち寄る存在になった感がある。落差は約12メートル。下山時にでも立ち寄るといい。

前述した狭い林道は、花乱ノ滝からさらに上部へ延びて、新設された林道早良線に突き当たる。それを横切った所が花乱ノ滝登山口。5台ほど置ける駐車スペースがある。

取りついてすぐは急登だが、距離は短い。間もなく平坦な道に変わり、右手に滝川谷を見下ろしながらスギ木立の中をたどる。以後、直登ルート分岐までは全体的になだらか。ただし、谷自体は起伏が激しく、大小の滝や滑滝（なめたき）、ゴルジュなどを擁し、沢登りの人気ゲレンデになっている。

それゆえ登山道も変化に富んでおり、歩き始めて10

登山口は花乱ノ滝からさらに狭い林道を上り、早良林道と交わる地点にある。

登山口にある脊振山系の案内板と道標。取りついてすぐは急登だが、距離は短い。

登山道脇に咲くホソバナコバイモ。春〜秋にはそれなりに花を楽しめる。

渡渉を繰り返して進むと、直登ルート分岐に出合う。左を取って進む。

右手下に沢を見下ろしながら進む。登山道、道標ともによく整備されている。

分少々で落差のある無名の滝を右手に見る。滝の上部には見事な滑滝が走り、登山道から下りることも可能。その先で橋を渡って左岸へ。この辺りから鬱蒼とした照葉樹の森に変わり、渡渉を繰り返しながら沢に沿って詰め上げてゆく。

次のポイントはロープで岩場をへつる地点。その先もロープ場が続き、沢の縁を抜ける所もある。岩は苔むして滑るが、慎重に歩けば特に問題はない。輝く樹林と苔むした岩と豊かな水流が奏でるハーモニーは目に優しく、まさに俗塵を洗うがごとき心地だろう。頭上が開ける所では野草も微笑んでくれる。

硬く踏まれた登山道は、樹林を縫ってじわじわと高度を上げつつなだらかに続き、登山口から1時間30分ほどで分岐に出合う。右を取れば、アゴ坂峠を経て山頂へ。ここは左を取り、ひと上りする。右手に狭い滝を見て、クサリの下がる岩場を通過。

再び平坦な道になると頭上は開け、渓相が変わったことに気づくだろう。ツクシシャクナゲがぽつぽつ姿を現し、やがて大株を見る。その先、沢の音が消えると、いよいよ源頭部が近づいた証し。尾根へ突き上げる急傾斜が待っている。坊主ヶ滝ルートに合流するまで標高差約１５０メートル。雷山の岩尾根、井原山のダルメキ谷ルートと並ぶ脊振山系三大急登と呼ぶにふさわしいきつい上りである。

株立ちするシロモジが目立つ斜面はどこでも歩けそうだが、踏み跡は右手についている。息が上がりかけたころ、ブナの大木を見て右手に緩く登ると、坊主ヶ滝ルートに合流する。山頂はそこから右へ数分。途中、二手に分かれるが、どちらを取っても構わない。

復路は、山頂から東へ数分たどり、鍋島藩番所跡の三差路分岐を右折。１００メートルほど下れば山中地蔵分岐に出合う。周囲は浅い谷間で、脊振山系縦走時

清流が白い筋を描く滑滝。橋の手前にある。この直下には比較的大きな滝がある。こうした渓谷美に事欠かないのが魅力。

直登ルートは、尾根に出合うまで浅い源頭部のハードな上りが続く。

直登ルートにあるシャクナゲの大株。

直登ルート分岐のすぐ先に垂直気味に落ちる滝があり、それを巻いて登るためのクサリ場が控えている。

の水場である。春先にはツクシショウジョウバカマの可憐な花を見る。

このあと、谷を緩く詰めて鞍部に至り、鈍いピークを一つ越して下った所が樹林に包まれたアゴ坂峠である。山頂から所用約45分。湿潤な空気の漂う峠でひと息入れていこう。

ここから直登ルート分岐は近いが、途中に足場の悪い所が一ヵ所あり、その先に地形図には表現されないヤセ尾根の急な下りがある。これは尾根と両サイドの谷との標高差が10メートルに満たないからである。

ヤセ尾根の傾斜が緩んだ所から右へ折れて谷に下り、沢を渡って進めば間もなく往路で左折した直登ルート分岐である。あとは往路をゆっくり慎重に戻ろう。

山行アドバイス

①国道263号から花乱ノ滝登山口へ至る林道は舗装され、路面状況も悪くないものの狭い。井原山「水無登山口」へ通じる水無林道に似た感じで、離合箇所はほとんどない。ちなみに曲淵トンネル手前にある西鉄バス「水源地前」バス停から歩く場合は所用約50分。登山口にトイレはない。

②登山道、道標ともに整備され、迷う所はない。登山道は全体的になだらかで、きつい上りは直登ルートの最後のみ。逆回りで下りに使う手もあるが、急斜面に加えて足場もよいとは言えず、上りよりも手強いだろう。本文通りの時計回りがおすすめである。

ブナ、リョウブ、シロモジなどの落葉樹に包まれた金山山頂。一等三角点がある。

復路はアゴ坂峠を経由する。この先、直登ルート分岐まで足場の悪い地点やヤセ尾根がある。

山行データ

標高	金山＝967.1m
単純標高差	約 615m
歩行時間の目安	約 4 時間 50 分
緯度経度（スタート地点）	33 度 28 分 57.09 秒 130 度 18 分 1.26 秒
MAPCODE®	224 231 459*64

■参考タイム
花乱ノ滝登山口〜 25 分〜橋〜 20 分〜沢の縁／ロープ場〜 40 分〜直登ルート分岐〜 20 分〜シャクナゲ大株〜 35 分〜金山〜 15 分〜山中地蔵分岐〜 30 分〜アゴ坂峠〜 20 分〜直登ルート分岐〜 40 分〜沢の縁／ロープ場〜 20 分〜橋〜25 分〜花乱ノ滝登山口（往路＝2 時間 20 分／復路＝2 時間 30 分）

■関係市町村
福岡市早良区役所＝092（841）2131

16

坊主ヶ滝から西山（往復）

＊迷いやすい、ビギナーだけの入山は禁物

ベテラン向きの豊かな自然林に包まれた沢詰めルート

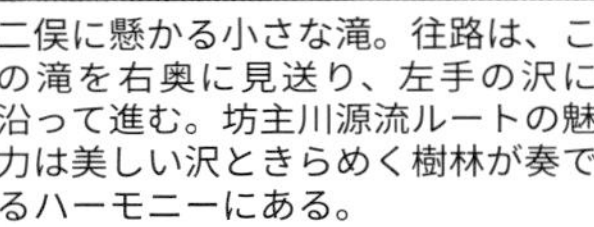

二俣に懸かる小さな滝。往路は、この滝を右奥に見送り、左手の沢に沿って進む。坊主川源流ルートの魅力は美しい沢ときらめく樹林が奏でるハーモニーにある。

西山は、金山の東に位置する標高816・3メートルの四等三角点ピークである。主稜線からは北に外れており、脊振山系の中ではマイナーな頂である。山頂は樹林に囲まれて展望もなく、登る人は極めて少ない。しかしながら、周囲はすべて自然林に覆われており、静かな森歩きが好きな人にはおすすめできる。

金山との縦走も可能であるが、坊主ヶ滝の真下から取りつき、坊主川源流を経て山頂に至る往復ルート紹介しよう。ただし、トレースの薄い部分や渡渉点が多く、ファミリー登山やビギナーだけのパーティには不向き。山慣れしたベテラン向けのルートであることをお断りしておく。

取りつき点は、近年建設された林道に架かる坊主川橋のたもとで、ぎりぎり三台置ける駐車スペースがある。坊主ヶ滝の案内板がある旧取りつき点付近には駐車するスペースがない。坊主川橋をスタート地点にするほうがよかろう。

坊主川橋のたもとにある新しい取りつき点と駐車スペース。

新取りつきからは数分で坊主ヶ滝に出る。案内板によれば、滝は落差15メートル、幅3メートル。古くは修行の場であったと伝えられ、今なお往時の面影がわずかながら残っている。

滝を左手に見て、うずらの橋まで登り、そこから右手の山道に取りつく。いきなりの急登に加えて、ロープ場や濡れた岩のクサリ場が控えている。坊主ヶ滝から支尾根に乗る急カーブ地点までがトレースの薄い斜

坊主ヶ滝を正面に見ながら登ってゆく。滝までの道は明瞭だ。

面の難路。慎重に歩を進めよう。

急カーブ地点からは明瞭な登山道に変わり、ひと上りで千石の郷登山口から上がってきた登山道と合流する。左を取って照葉樹林の中をトラバース気味に南西へ進む。

二つめの渡渉点から南へ進路を変えると、間もなく左手に早良区役所の「道標P26」を見る。ここが坊主川源流ルートの分岐で、右は金山への登路。左へ下ると数分で大きな沢に出合い、これを渡渉する。

ここから南東方向へ渡渉を繰り返しながら沢を詰め上げてゆく。トレースのはっきりしない部分が多く、道標もない。山慣れした人向けとする所以である。しかし、沢は意外なほど開けており、周囲の樹林はことのほか美しい。清流と遊びながら、ゆっくり慎重に歩こう。

鞍部の分岐に着くまでこれといったランドマークがないため、別掲の地形図に「大岩の渡渉点」「二俣の小滝」「小ピーク」「モミの幼木ゾーン」の四ヵ所を示した。これらを参考にケルンやテープを丹念に追っていくと、やがて源頭部に突き当たる。

急な斜面に取りつき、左へカーブすると明瞭な登山道に変わり、鞍部の分岐に行き当たる。右は主稜線から来た道で、金山を経由して縦走周回する際はこの道を使用する。

左を取ってヤセ尾根を北

坊主川源流ルートの分岐は「早良区役所 P26」の道標が目印。このすぐ先から左手の踏み跡を下る。

坊主川源流ルートの最初の渡渉点。川幅が広く、ロープが渡してある。

「うずらの橋」の道標を左手に見て右へ登ると、いきなり岩場をへつる所に出合う。慎重に進む。

クサリ場や踏み跡不明瞭な斜面の上りを経て尾根に乗ると、はっきりした登山道に変わる。

いよいよ源頭部が近づいてきた。渡渉する地点にはケルンが積んである。

大岩の渡渉点。二つの岩の手前を渡る。イロハモミジの大木がそびえており、秋の紅葉は素晴らしい。

鞍部の分岐。右を取れば主稜線に出る。ここは左へ。踏み跡はしっかりしている。

基本的に沢を詰め上がるが、沢から離れて樹林の中を進む所もある。この先に二俣の小滝がある。

へたどり、東へ進路を変えてアカマツの落ち葉を踏んでトラバースすると、再び三差路分岐に行き当たる。左を取り、すぐ「西山」の小さなプレートを見てまた左へ。

山頂は間近だが、油断は禁物。どこでも歩けそうな樹林の中の平坦地に加えて、トレースは薄い。慎重にテープを追って進めば、平たいピークを経た先に四等三角点と山頂を示す私標が木の枝に掛けられている。

復路は、尾根合流点（早良区役所の道標P25）まで往路を戻り、直進して鉄塔の脇を抜けてヒノキ林の中を下る（坊主ヶ滝へ下るのは危険）。新しい林道に出て右へ数分でスタート地点の坊主川橋に帰り着く。

山行アドバイス

①歩く人の少ない沢沿いの静かなルート。本文でも記したが、坊主ヶ滝の上部は荒れ気味で、ロープ場やクサリ場もある。さらに、坊主川源流ルート、および樹林に包まれた平坦な山頂周辺はどこでも歩けて道迷いしやすい。地形図、GPSの携行は必須である。

②坊主川橋取りつき点へのアプローチは、「湧水千石の郷」手前の「わかば苑」の看板から左折し、すぐの突き当たりを右折。道なりに上って四差路で右折し、次の四差路は直進。新しい林道に出て左折する。

また、直進した四差路のそばに千石の郷登山口と駐車スペース（広い空き地）がある。なお、「湧水千石の郷」は日帰り入浴可能。

西山山頂にある四等三角点。山頂標識は私標のプレートのみ。展望は利かない。

山頂直下の分岐。小さなプレートがある。周囲は平坦で迷いやすい。要注意！

坊主ヶ滝から西山

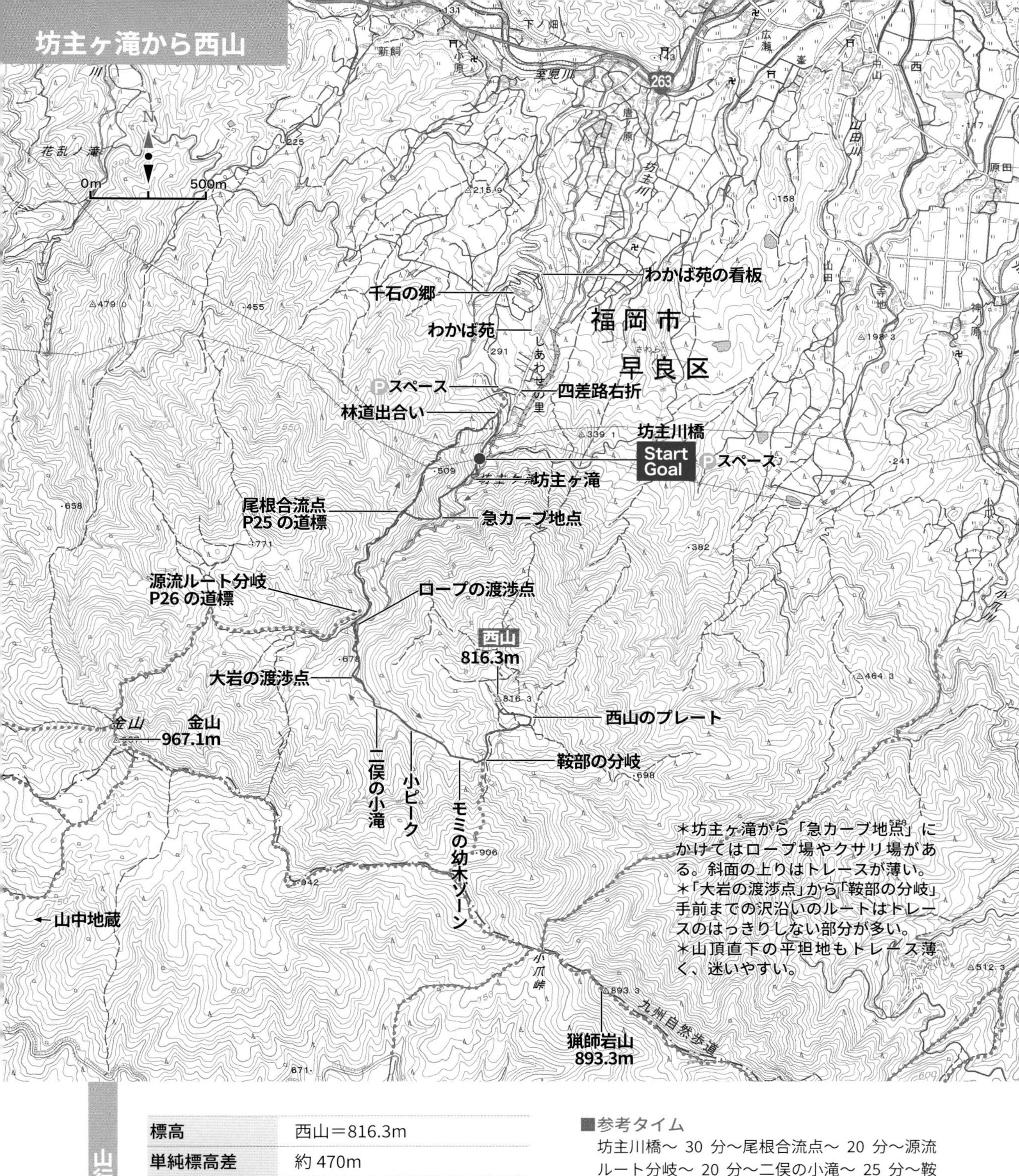

山行データ

標高	西山＝816.3m
単純標高差	約 470m
歩行時間の目安	約 3 時間 40 分
緯度経度（スタート地点）	33 度 28 分 29.80 秒 130 度 19 分 21.78 秒
MAPCODE®	224 203 448*27

■参考タイム

坊主川橋～ 30 分～尾根合流点～ 20 分～源流ルート分岐～ 20 分～二俣の小滝～ 25 分～鞍部の分岐～ 20 分～西山～ 15 分～鞍部の分岐～20 分～二俣の小滝～ 20 分～源流ルート分岐～ 20 分～尾根合流点～25 分～林道出合い～5 分～坊主川橋（往路＝1 時間 55 分／復路＝1 時間 45 分）

■関係市町村

福岡市早良区役所＝092（841）2131

17 千石の郷から金山〜西山（周回）

＊迷いやすい所多数、ビギナー不可

脊振山系が誇るブナの美林をたどる周回ルート

脊振山系といえば、ゴールデンウイークの前後に咲き誇るコバノミツバツツジがつとに有名である。一方、稜線に点在するブナ林はあまり話題に上らない。

しかしながら、当地のブナ林は九州有数の規模と言ってよく、林床を覆うミヤコザサとともに美しい樹林帯を形成している。そんな「ザ・セフリ！」といった趣のブナの美林を堪能する周回ルートを紹介する。

登山口は、福岡市早良区石釜地区の「湧水千石の郷」の上部に位置している。すぐ近くに前項で紹介した坊主ヶ滝を経由するルートの取りつき点があるため、そちらを坊主川橋登山口、こちらを千石の郷登山口として話を進めよう。

ちなみに「湧水千石の郷」は、自然食ビッフュと展望大浴場が人気の宿泊施設。日帰り入浴も可能だから、下山したあと汗を流して帰るにちょうどいい。

林道四差路にある空き地に駐車し、林道を東へわずかで右手に案内板の立つ取りつき点がある。植林の中を登ること数分で新しい林道に出合い、これを横切って再び植林の中の山道へ入る。ここから九電の送電線鉄塔に出るまでやや急な上りが続く。

樹脂製の丸太のステップを登って左手奥にもう一つの鉄塔（509ピーク）を見送り、平坦な尾根に出た所で左手から坊主ヶ滝からの道を合わせる。早良区の「道標P25」が立つ地点だ。

ここから照葉樹林の中を南西方向にトラバースして進み、坊主川源流ルート分岐「道標P26」を左下に見送る。小さな谷を横切った先で沢のほとりに出ると、登山道は東へカーブして浅い谷間に至る。せせらぎの音が心地よく、ひと息入れるといい。沢の上部にはちょっとした滑滝（なめたき）もある。

道が平坦になると、坊主ヶ滝からの合流点は近い。

千石の郷登山口の取りつき点。手前の四差路に広い駐車スペースがある。

新しい林道を横切って植林帯の中を登る。

炭焼き窯跡を二つ見て小沢を二度渡渉し、浅い谷間をさらに東へ進むと、短い急登のあと尾根に乗る。ヤセた尾根で、トレースはことのほか明瞭だ。金山山頂まで岩場が数ヵ所あり、ツクシシャクナゲもちらほら目につく。

そのあと、小ピークを経

坊主川源流ルートとの分岐をすぎ、しばらく歩くと沢を巻く地点がある。

登山道が東へカーブすると、美しい渓流のほとりに出る。上部には小さな滑滝もある。

照葉樹林の中に続く坊主ヶ滝ルートのトラバース道。トレースは明瞭だ。

942ピークの手前から望む金山。福岡県側からの山容とは異なり、端正で美しい。

金山山頂。立派な山頂標識と一等三角点がある。樹林に覆われており、北側の展望は樹間にわずか。南側の天山方面の眺めがよい。

アカマツの落ち葉がクッションとなって歩きやすいヤセ尾根。

山頂の東にある分岐。右を取ると、山中地蔵やアゴ坂峠方面へ下る。ここは直進して稜線を東へたどる。

山頂直下の岩場の上り。ヤセ尾根には岩場が数ヵ所あるが、そう難しくはない。ただし、金山山頂から折り返す場合は注意。

て鞍部の花乱ノ滝分岐を右手に見送れば、ひと上りで金山山頂に達する。ここまでが坊主ヶ滝ルート。

一等三角点のある山頂は南に展望が開けている。西側の平坦地は鍋島藩の番所があった所で、解説板と九州自然歩道の大きな案内板、および三瀬峠・山中地蔵方面への分岐がある。

周囲には幾本ものブナの大木がそびえ立ち、ミヤコザサで覆われた足下には一本の踏み跡がくっきり刻まれている。

これをたどって稜線を東へ向かい、まずは942ピークをめざそう。その手前まで「これぞ脊振山系!」といった感じの心ときめくブナの美林が続く。この稜線歩きがこの周回ルートのハイライト。金山、井原山、羽金山の端正な山容を仰ぎ見る地点もある。

照葉樹が増える中、942ピークに立ったら、下る途中にある展望岩（通称マムシ岩）でひと息入れよう。脊振山へ続く稜線上に猟師岩山や鬼ヶ鼻岩が見える。また、市房山の「心見の橋」をミニチュア化したようなチョックストーンもあって面白い。

展望岩からいったん下り、鞍部から登り返した所が西山分岐。「道標P13」が目印だ。ここで稜線と別れ、まずは平頂の906ピークへ向かう。ただし、ミヤコザサに覆われてトレースはごく薄い。コンパス、地図、GPSを使い、細心の注意を払って歩く必要がある。

906ピークからは直角

金山山頂から大木を擁するブナ林帯が東へ続く。金山〜西山周回ルートのハイライトである。

マムシ岩からの展望。942 ピークの東側にあり、脊振山方向の眺望に優れる。

西山分岐。「小爪峠 10 分」を示す「道標 P13」が目印。「西山」と記された小さなプレートもある。

西山分岐に向かってブナのプロムナードをたどる。コバノミツバツツジほど有名ではないが、脊振山系を代表する景観である。

西山分岐から906ピークへ至る道ははっきりしない。慎重に歩きたい。

906ピーク付近。ここから直角気味に尾根を北へ下る。

気味に尾根を北へ下るが、ここも分かりにくい。山深い所だけに行動は慎重に。鞍部の分岐まで標高差150メートルの下りで、途中にはツクシシャクナゲの群落がある。

鞍部の分岐から西山山頂直下までは明瞭なトレースがついている。「西山」と記された小さなプレートを確認して左（西）へ折れる。この先はどこでも歩けそうな樹林の中の平坦地である。ここも迷わないよう注意したい。

復路は、鞍部の分岐まで戻り、右を取って下る。ここからが坊主川源流ルートで、トレースの薄い部分が多々ある。加えて、何度も渡渉を繰り返す。前項「坊主ヶ滝から西山」で述べたモミの幼木ゾーン、小ピーク、二俣の小滝、大岩の渡渉点といったランドマークを確認しながら歩こう。

ロープの渡渉点をすぎたら、坊主ヶ滝ルートとの合流点は間近。あとは、いささか距離があるものの、往路をたどって千石の郷登山口に戻るだけである。

山行アドバイス

①山慣れしたベテラン、健脚向きの周回ルート。稜線にある西山分岐〜906ピーク〜鞍部の分岐にかけて、および坊主川源流ルートはトレースの薄い部分が多い。道迷いしないよう慎重な行動が要求される。ビギナーだけのパーティや単独行での入山は控えたい。コンパス、地図、GPSの携行は必須である。

②千石の郷登山口へのアプローチは、「湧水千石の郷」の手前、「わかば苑」の看板から左折し、すぐの突き当たりを右折。道なりに上った四差路で右折すると、すぐまた林道四差路に出合う。その右手に広い空き地がある。

③金山山頂に達すると、各登山口までそれなりに距離があり、エスケープルートはないに等しいと言える。体力的に難しいと感じたときは、山頂から東へ20分ほど歩いた辺りくらいで引き返し、往路を戻ろう。

四等三角点のある西山山頂を示すプレート。残念ながら、樹林に覆われて展望はない。

鞍部の分岐に立つ道標。西山山頂を踏んだあと、再びここに戻って右へ下る。

千石の郷から金山〜西山

山行データ	
	金山＝967.1m 西山＝816.3m
単純標高差	約 670m
歩行時間の目安	約 5 時間 10 分
緯度経度 （スタート地点）	33 度 28 分 39.34 秒 130 度 19 分 24.09 秒
MAPCODE®	224 204 724*40

■参考タイム

千石の郷登山口〜 40 分〜道標 P25 〜 15 分〜源流ルート分岐〜 25 分〜尾根に乗る〜 30 分〜金山〜 30 分〜 942 ピーク〜 15 分〜西山分岐〜20 分〜鞍部の分岐〜 25 分〜西山〜 15 分〜鞍部の分岐〜 40 分〜源流ルート分岐〜 20 分〜道標 P25〜35 分〜千石の郷登山口（西山まで＝3 時間 20 分／西山から＝1 時間 50 分）

■関係市町村

福岡市早良区役所＝092（841）2131

18

山中地蔵から金山（往復）

＊ビギナーでも特に問題なし

胸に沁みる光景の待つ歩きやすい古道をたどろう

脊振山系の稜線には九州自然歩道が通っている。ただし、最初のピークは金山で、それ以西の山は含まれない。佐賀県の北山ダムを抜けてきた自然歩道は国道263号、佐賀市三瀬村中園の交差点で右折して山中地蔵へ至り、ここを起点に脊振山系へと入ってゆく。このルートを忠実になぞって金山を往復しよう。

スタート地点の山中地蔵は、室町時代の1393（明徳4）年の創祀。脚気に効験あらたかといわれ、今では敷地の一画に作られた山中キャンプ場とともに佐賀市三瀬村の人気スポットとして知られ、すぐそばにはコーヒーや食事を提供する茶房「つゆくさ」もある。

キャンプ場の入り口にある駐車場から左手に山中地蔵、右手に沢を見て舗装林道をたどるとやがて舗装は途切れ、登山道に変わる。その林道終点付近にも5台ほど駐車できるスペースがあり、ここまで車で上がってきてもよい。

登山道は、その先でいったん金山脊振林道へ出る。ここまでは、いわばウォーミングアップ。林道を横切って取りつくと、本格的な山登りが始まる。とはいえ、山中地蔵分岐まで急な上りはなく、軽快に歩ける。

最初のランドマークは、右へ緩くカーブしながら登ってゆく途中に現れる道明ノ滝だ。周囲は植林で殺風景だが、滝壷まで数分。立ち寄るのもよかろう。

滝から北東へ進むと、切り株を利用して作られた古い矢印を見る。近年、ショッキングピンクの派手なテープをよく目にするが、それよりもはるかに自然に優しい。先人たちの知恵が偲ばれる。その矢印のすぐ先がやや分かりにくく、注意が必要。渡渉して右手に沢を少し下り、尾根を巻く。

そのあと、数度渡渉して進むと、照葉樹に包まれた温もりのある道に変わり、たびたび心に沁みる光景に出合う。周囲の苔むした木の幹や岩は木洩れ陽の角度によって色を変え、歩くことの楽しさを教えてくれるだろう。

いまひとつの特徴は、ときおり人の手によって組まれたものと思しき石の道と遭遇することだ。金山山頂の東には、かつて鍋島藩の番所があったといわれる。それと関係があるのかもしれないが、いずれにしても

スタート地点の山中地蔵（山中キャンプ場）の駐車場。左手にあるトイレは水洗・洋式できれい。

スギ林の中に続く舗装林道を登る。林道終点にも5台ほどの駐車スペースがある。

2004年6月に建て替えられた山中地蔵。脚気に効験があるとされ、篤い信仰を集める。

金山脊振林道にある取りつき点。九州自然歩道を兼ねており、登山道はしっかりしている。

所々に石で組んだ道が残っている。江戸時代、金山山頂の東には鍋島藩の番所があったといわれる。その当時の名残だろうか。

連なる小さな滝を左手に見て渡渉する。山中地蔵ルートは美しい渓流とあちこちで出合う。

切り株を利用した古い矢印。この先、数ヵ所で見る。

山中地蔵分岐までさして急な上りもなく、快適に歩ける

古来幾度となく人が往来したであろう古道は、とても歩きやすい。

その先、左手上部に巨大な岩を見て、連なる小滝の前を渡渉すると、間もなくヒノキ林が始まる。間伐されて比較的明るい道をたどり、再び照葉樹林の森へ入る。縦走路との合流点、山中地蔵分岐はもうすぐだ。

たどり着いたらひと息入れよう。その際、左手の浅い谷間に下りてみるといい。春にはツクシショウジョウバカマやシハイスミレ、秋には落葉樹が色づく素敵な場所である。ここは縦走時の貴重な水場でもある。

さて、山中地蔵分岐から先がこのルートで一番の踏ん張りどころである。標高差約100メートルの上りだ。ゆっくり高度を上げ、幹の曲がったマツを見たら傾斜は緩み、前述の番所跡に飛び出す。山頂は、そこからブナ林とミヤコザサのヤセ尾根を西へ数分歩いた所である。

山中地蔵分岐から左へ少し下った広い谷間に咲くツクシショウジョウバカマ。ここはとても雰囲気のいい所。ぜひ立ち寄りたい。

ヒノキ林の入り口に立つ九州自然歩道の道標。ここから山中地蔵分岐まで緩い上りで約 20 分の道のりだ。

ヒノキ林を抜けると、照葉樹林の美しい森が続く。足下は平坦で、山中地蔵分岐までもうひと息。

山行アドバイス

①道標、登山道ともに整備されており、危険な所も特にない。登山道を忠実にたどれば、ビギナーでも安心して歩ける。道明ノ滝への上り下りはやや踏み跡が薄いものの、距離はわずかしかない。

②山中地蔵から舗装林道を車で登った林道終点にも駐車スペースがある。そこから歩くと、往復で約20分短縮できる。

③復路、山頂から西の小爪峠へ足を延ばし、井手野に下って金山脊振林道を歩いて戻る手もあるが、舗装林道歩きがずいぶんと長い。

登山者で賑わう金山山頂。季節を問わず、のんびりくつろげる心地よい空間だ。

山中地蔵分岐。この先、標高差約 100 メートルの上りで山頂に達する。

山中地蔵から金山

山行データ

標高	金山＝967.1m
単純標高差	約 500m
歩行時間の目安	約 2 時間 35 分
緯度経度（スタート地点）	33 度 27 分 2.95 秒 130 度 17 分 31.27 秒
MAPCODE®	224 110 669*61

■参考タイム

山中地蔵～ 5 分～舗装林道終点～ 5 分～取りつき点～ 15 分～道明ノ滝～ 20 分～ヒノキ林入り口～ 20 分～山中地蔵分岐～ 25 分～金山～ 15 分～山中地蔵分岐～ 30 分～道明ノ滝～ 10 分～取りつき点～ 10 分～山中地蔵（往路＝1 時間 30 分／復路＝1 時間 5 分）

■関係市町村

佐賀市三瀬支所＝0952（56）2111

19 井手野から金山（往復）

＊危険な所もなく、安心して歩ける

最短で小爪峠に出て、美しいブナ林の稜線を歩く

脊振山系には、急峻（きゅうしゅん）な福岡県側に対して佐賀県側は比較的なだらかという特徴がある。佐賀市三瀬村の井手野集落から小爪（こづめ）峠を目指す井手野ルートはその典型と言ってよく、楽々稜線に立つことができる。これを使って金山を往復するルートを案内しよう。

取りつき点は、西の国道263号と東の県道305号を結ぶ金山脊振林道（正確には広域基幹林道金山脊振線）沿いにある。完全舗装で幅員もそれなりにあり、普通車でもアプローチは容易。すぐそばに駐車スペースもある。

入山後、傾斜の緩い尾根を北へたどると、間もなく

美しい照葉樹林の中、脊振山系の稜線に向かってなだらかな登山道が続く。植林がわずかしかないのも好ましい。

井手野の取りつき点そばの駐車スペース。満車の場合は林道の路肩にマナーを守って駐車しよう。

沢の左岸から小爪峠を示す道標を目印に入山する。

小爪峠に立つ道標。シロモジが多く、春先の林床にはホソバナコバイモを見る。

小さな沢を何度か渡渉して浅い谷間を抜ける地点。踏み跡の薄い所もあるが、慎重に歩けば特に問題はない。

道標の立つ分岐に出合う。左の道は金山の東にある942ピークと906ピークの鞍部付近に出るものと思われるが、落枝で塞がれている。ここは右を取る。

そのまま尾根を登り、標高700メートル付近で東へ進路を変え、頭上の開けた浅い谷間に入る。二、三度渡渉するが、沢はいずれも小さく、水流も少ない。踏み跡の薄い所が若干あるものの、迷いやすいというほどではない。頭上が開けて気持ちのいい所だ。

溝状の道を抜けてトラバース気味に進み、最後の渡渉点をすぎれば、ほどなく小爪峠の西側に飛び出す。歩き始めからここまで植林はほんの一部しかなく、とりわけ浅い谷間を抜けたあとは、アカガシ、タブノキ、ヤブツバキ、ハイノキといった樹種で構成される美しい森歩きが楽しめる。

まだ大して歩いていないけれど、いったんススキの茂る小爪峠に下ってひと息入れよう。周囲にはシロモジをはじめとした落葉樹が多く、葉が茂る前の早春の林床には可憐なホソバナコバイモが咲く。小爪沢方向へわずかに下った所にはツクシショウジョウバカマもある。休憩がてら探してみるといい。

さて、この先は樹林に包まれた稜線の一本道。金山山頂との標高差は190メートルほどだ。ただし、それは単純標高差。途中にピークが幾つかあってアップダウンを強いられる。小爪峠まで楽したぶん、頑張って歩こう。

苔むした岩に落ちる木洩れ陽や思い思いに枝を広げる木々、足下に咲くエイザンスミレなど胸に沁みる光景が続き、快適に歩ける。途中にはヤブツバキ林があり、3月から4月下旬にかけて落ち椿が登山道をあざやかに彩るのもいい。

わずかに蛇行しながら続く登山道をたどれば、やがて傾斜は緩み、ミヤコザサに包まれた平らなピークに達する。「道標P13」が立つ地点で、ここは西山への分岐でもある。

小爪峠からの登山道。だらだらと続く上りの途中にアカガシの大木が点在する。

登山道を飾るエイザンスミレ。春に歩けば、ぽつりぽつり目に留まる。

942 ピークから金山山頂にかけてはミヤコザサを従えたブナ林が発達している。北部九州が誇るブナ林帯と言ってよく、大木も多い。末長く守りたい素晴らしい樹林帯である。

ミヤコザサが現れると、傾斜は緩む。福岡市早良区の「道標P13」が立つ西山分岐はもうすぐそこである。

942 標高点ピークの手前にはマムシ岩と呼ばれる展望台がある。下部を見れば、ミニチョックストーンである。

そこから緩く下って登り返す途中に南側の展望が開けるマムシ岩があり、猟師岩山から脊振山に続く稜線が一望できる。９４２標高点ピークはもうすぐで、そこが小爪峠〜金山の中間地点に当たる。マムシ岩でひと入れるとよかろう。もしくは、９４２ピークから下る途中の金山の端正な山容を仰ぎ見る地点でもいい。

だらだらとしたアップダウンが続くものの、いよいよブナとミヤコザサが静かなハーモニーを奏でる脊振山系らしい景色の中に入ってゆく。地味ながら、この先の稜線は素晴らしいの一言。この森の中を歩きたいがために小爪峠から金山を目指すと言っても過言ではない。

ここまでくれば、金山まであとひと息だ。ブナが点在するヤセ尾根をたどり、アゴ坂峠へ下る道を左手に見送れば、通路のような平らな場所の奥に山頂標識が見えてくる。

山行アドバイス

①登山道、道標ともによく整備されている。危険な所もない。ブナとミヤコザサが織り成す脊振山系の核心部を比較的簡単に楽しめるいいルートである。

②小爪峠から東へたどれば、ツクシシャクナゲの猟師岩山、展望の鬼ヶ鼻岩へ至る。時間的には鬼ヶ鼻岩まで60分弱見ておけばいい。小爪峠を基点に季節を変えて二つのルートを楽しみたい。

アゴ坂峠分岐をすぎれば、山頂は目と鼻の先である。

井手野から金山

山行データ

標高	金山＝967.1m
単純標高差	約 330m
歩行時間の目安	約 2 時間 55 分
緯度経度（スタート地点）	33 度 27 分 4.19 秒 130 度 19 分 6.08 秒
MAPCODE®	224 113 644*07

■参考タイム

井手野～ 30 分～小爪峠～ 15 分～西山分岐～ 20 分～942 ピーク～30 分～金山～ 30 分～ 942 ピーク～15 分～西山分岐～ 10 分～小爪峠～ 25 分～井手野（往路＝1 時間 35 分／復路＝ 1 時間 20 分）

■関係市町村

佐賀市三瀬支所＝0952（56）2111

20 椎原から鬼ヶ鼻岩（往復）

＊子ども連れでもＯＫ！

メタセコイア林と大展望の頂が人気のルート

椎原登山口は福岡市早良区にある。県道１３６号沿いの西鉄バス椎原バス停の先が入り口で、狭くて暗い林道を南へ走るとやがて新しい林道に突き当たり、左手に舟入橋を見る。そこが登山口。車は周辺のスペースに駐車する。

橋のすぐ上部（南）は車谷ルートの取りつき点で、矢筈峠へ至る。そこから舗装林道を数分登った小広場に椎原峠ルートの取りつき点があり、鬼ヶ鼻岩に登るにはこちらを利用する。初めての場合は、取りつき点を間違えないように注意しよう。

取りついてすぐは平坦な道が続き、右下に沢を見下

シダ類を従えて天高くそびえ立つメタセコイア。近年は Instagram をはじめとした SNS でもたびたび取り上げられており、この森だけを見にくる人もいる。

椎原登山口と舟入橋。右手の駐車スペース方向から上ってくる。

椎原峠ルートの取りつき点。右の作業道に入る。

ろしながら南西へ進む。やがて山道に変わり、間もなく小さなプレートの下がる分岐に出合う。右は鬼ヶ鼻岩への直登ルート。整備が行き届いているとは言い難く、山頂直下にはクサリ場もある。山慣れた人向きのルートと考えたい。

直登ルートを見送って直進すると、渡渉点に出合う。沢を渡った先辺りから椎原峠ルートのハイライトの一つ、メタセコイアの森が広がる。

取りつき点からはしばらく平坦な道が続き、やがて山道に変わる。

鬼ヶ鼻岩直登ルートを示す道標。ここは直進する。

比較的幅の広い渡渉点。メタセコイア林の入り口だ。

メタセコイア自体は公園樹や街路樹として利用されており、さして珍しくないが、山腹の一画に天高く真っすぐ林立する姿には目を見張るものがある。足下を覆うシダ類と相まって、なんだか映画『ジュラシックパーク』の世界に踏み込んだような不思議な気分にさせられる。

メタセコイアの森を抜けると、未舗装林道に出合う。右手上部一帯は鬱蒼としたスギ林だったが、2013年前後に伐採された。その後、再びスギが植えられ、年を経るごとに成長している。伐採直後は、雑木林になればいいなと密かに期待していたが、残念ながら叶わぬ夢となってしまった。

未舗装林道を横切ってそのスギ林帯に入ると、しばらく上りが続く。標高600メートルをすぎた辺りから自然林に変わり、左下に沢を見下ろしながら硬い踏み跡を南西へたどる。

尾根を一つ乗っ越したあと、沢の音を聴きながらト

未舗装林道出合いの上部から振り返ってメタセコイア林を望む。植えられたスギが成長すると、こんな景色も見られなくなることだろう。

植林帯を抜けると、清々しい広葉樹の森が続く。椎原峠まで足取り軽く歩ける。

高度感たっぷりの鬼ヶ鼻岩山頂の露岩。ここからの眺望は抜群だ。北から東にかけて雄大な展望が広がる。

ランドマークの一つ、石仏。この先に分岐があり、椎原峠は左を取る。右はショートカット道。

椎原峠に立つ道標。頭上が開けて気持ちのよい場所だ。ここでひと息入れていこう！

ラバース気味に進む。広葉樹の森は美しく、足取りは軽いはずだ。

やがて浅い谷間に出て左手に二体の石仏を見る。頭上は開けており、春にはツクシショウジョウバカマやエイザンスミレが咲く所だ。その先に分岐があり、椎原峠は左。右はショートカット道で、帰りに使おう。左を取れば、ひと上りで椎原峠である。

ひと息入れたら、稜線を西へたどる。椎原峠の標高は約770メートル。鬼ヶ鼻岩との標高差は60メートルほどで、なだらかな上りが続く。途中、左手に簡易舗装の林道を合わせるが、前述のショートカット道は林道の向かい側に出てくる。

進路を北に変え、緩く登ってゆくと分岐に出合い、右を取ってわずかで鬼ヶ鼻岩に到着である。北東向きに突き出した巨大な露岩の頂で、展望は抜群！　北側一帯が大きく開け、山に登る者にしか分からない達成感と爽快感を味わえる素敵なピークである。

復路は、林道合流点まで戻り、「井手野」の道標から左折してショートカット道に入る。浅い谷間に続く道は、往路ほど踏まれていないが、問題なく歩ける。石仏に出合ったら、来た道をのんびり引き返そう。

山行アドバイス

①車谷ルートと並ぶ福岡市早良区からのメインルート。登山道、道標ともによく整備されており、安心して歩ける。ファミリー登山でも特に心配ないが、椎原峠の手前に渓の岩場を通過する所がある。そこは要注意。

②東隣の車谷ルートと比べると、春の野草は少ない印象がある。谷が深く、光量が少ないせいかもしれない。それでも、頭上が開けた石仏周辺やショートカット道ではツクシショウジョウバカマやスミレの仲間、椎原峠ではコバノミツバツツジ、鬼ヶ鼻岩分岐付近にはマンサク、メタセコイア林ではコミヤマスミレやタニギキョウなどが見られる。

椎原峠に咲くコバノミツバツツジ。開花期は例年４月下旬から５月上旬にかけて。

簡易舗装の林道を合わせる井手野林道分岐。復路はここからショートカット道に入る。

椎原から鬼ヶ鼻岩

標高	鬼ヶ鼻岩＝830m
単純標高差	約 440m
歩行時間の目安	約 2 時間 55 分
緯度経度（スタート地点）	33 度 27 分 16.21 秒 130 度 21 分 7.26 秒
MAPCODE®	224 147 289*33

山行データ

■参考タイム

椎原登山口～ 5 分～取りつき点～ 10 分～直登ルート分岐～ 15 分～未舗装林道出合い～ 35 分～石仏～ 10 分～椎原峠～ 25 分～鬼ヶ鼻岩～ 15 分～井手野林道分岐～ 10 分～石仏～ 30 分～未舗装林道出合い～ 15 分～直登ルート分岐～ 5 分～椎原登山口（往路＝1 時間 40 分／復路＝1 時間 15 分）

■関係市町村

福岡市早良区役所＝092（841）2131

21

湯ノ野から猟師岩山～鬼ヶ鼻岩（周回）

＊難路、ビギナー不可

長く険しい小爪沢を詰め、樹林に包まれた縦走路をたどる

福岡市早良区の椎原集落周辺から三本の登山道が脊振山系の稜線に向かって延びている。いずれも沢ルートで、そのうち最も北を通るのが小爪沢ルート。南にある椎原峠ルートや車谷ルートに比べて、歩く人ははるかに少ない。長く険しく、ビギナーには不向きのうえ、湯ノ野集落にある取りつき点へのアプローチが分かりにくいことも影響しているようだ。

実際、県道136号沿いに「小爪峠登山口」を示す標識があるのだが、これは徒歩でアプローチする人向けと考えたほうがいい。車の場合、道幅は狭く、軽自動車がようやく通れるくら

苔むした岩とほとばしる清流。脊振山系の特徴の一つは急峻で美しい渓谷が多いこと。小爪沢ルートもまた俗塵を洗うがごとき心和む光景と随所で出合う。

椎原登山口と小爪沢ルート取りつき点を結ぶ舗装林道の中間点に駐車。駐車スペースはほかに数ヵ所ある。

小爪新橋にある取りつき点。ガードレールの脇から左岸に入る。

岩を抱いてそびえ立つヤマザクラの大木。小爪沢ルートは標高 550 メートル付近まで単調な植林が続くが、ときにはこんな景色に遭遇する。

歩き始めの登山道は沢を左手下方に見下しながら続くが、10 分足らずで眺めのいい岩場がある。

砂防堤分岐にある古い道標。地形図にも記載されている「大井手山中」への道はブッシュ化している。

い。おまけに脇道が多くて分かりにくい。

そこで、いったん椎原登山口へ入り、そこから舗装林道を北上しよう。その際のポイントは、どこに駐車するか。往路、復路ともに舗装林道歩きが足への負担にならない中間地点がおすすめである。

取りつき点は小爪新橋にあり、道標が立っている。左下に沢を見ながら鬱蒼とした植林の中をたどる。間もなく左手に沢の眺めのいい岩場がある。その先で幅の広い沢を渡り、砂防堤の分岐に出合う。早良区の「道標Ｐ23」が立つ地点だ。左の道はブッシュ化している。

右を取って倒木をくぐり、沢から離れて進むと、右手に薄い踏み跡のついた分岐らしき所があるが、ここは道なりに左へ。岩を抱くヤマザクラの大木の脇を抜けた先に崩壊箇所があり、滑る岩場をへつって通過する。ここは慎重に。

この先、登山道は沢の中や縁（ふち）を通り、支沢、本沢を交えて何度も渡渉を繰り返しながら進む。深い沢を渡る地点や足場の悪い所もある。用心して歩こう。驚くべきは、こんな山深い所にも炭焼き窯の跡を見ることだ。今ではすっかりスギやヒノキに覆われているが、かつては恵み多き豊かな自然の森だったことがうかがえる。

自然林に変わるのは標高530メートル辺りからで、

源頭部が近づくと、沢はいよいよ狭く急になる。二俣も多く、ルートを見極めて歩く。

斜面に下がるトラロープ。こうしたロープ場や滑る岩場をへつる所もある。

小爪峠から猟師岩山を望む。標高差 100 メートルちょっとの上りだが、大したことはない。

長い沢の遡上が終わり、小爪峠が目前に迫る。春、この辺りにはツクシショウジョウバカマやホソバナコバイモが咲き誇る。

三等三角点のある猟師岩山。この手前辺りからぼつぼつツクシシャクナゲ が点在し始める。

大展望を誇る鬼ヶ鼻岩。尾根の先端に露出したほぼ垂直の大岩峰だけに高度感たっぷりだ。

猟師岩山側へ少し登った地点から見下ろす小爪峠とシロモジの花。ここまでくれば、あとは問題なく歩ける。

頭上が開ける所が増え、足下にはニリンソウやジロボウエンゴサク、ワサビなどを見る。「道標Ｐ23―１」をすぎると、次第に峡谷状の隘路へ変わり、いよいよ源頭部が近づいたことを教えてくれる。大小の岩は苔のグラデーションに染まり、伝い落ちる清流は射す光に輝く。そんな心和む光景にしばし足が止まる。

ケヤキの大木と人工的な石組みの跡を見て渡渉し、ロープを伝って岩場を攀じる。小爪峠はもう間近。「道標Ｐ24」を確認し、進路を真南に変えてひと上り。けっこうきついが、間もなく傾斜は緩み、光が降り注ぐ小爪峠に到着する。

この先は安心の縦走路。ひと息入れたら、ツクシシャクナゲの猟師岩山から岩のヤセ尾根を伝って鬼ヶ鼻岩へ。展望を楽しんだあと、井手野林道分岐まで下り、「水」の道標から左折して浅い谷間を抜ける。椎原峠ルートに合流し、メタセコイア林をすぎれば、椎原登山口はもうすぐである。

山行アドバイス

①小爪沢ルートは山慣れた人向き。危険な所は少ないとはいえ、標高を上げるにつれて踏み跡の薄い部分が増える。足下もガレが多く歩きにくい。ビギナーは経験者と同行のこと。

②小爪峠までずっと沢を詰め登るルートだけに夏向きだが、秋口までヤブが濃くなる所がある。晩秋〜春がおすすめである。

椎原峠の手前にある井手野林道分岐から左の谷に入る。明るい谷間の道で野草が多い。

湯ノ野から猟師岩山〜鬼ヶ鼻岩

＊小爪新橋の取りつき点から小爪峠まで踏み跡はついているが、沢の中など不明瞭な所も多い。危険な所は少ないものの、沢幅のある渡渉点や崩壊地のへつり、ロープ場などがある。足下はガレ石で歩きにくい。小爪峠から先は快適に歩ける。

山行データ

標高	猟師岩山＝893.3m 鬼ヶ鼻岩＝830m
単純標高差	約 530m
歩行時間の目安	約 4 時間 35 分
緯度経度 （スタート地点）	33 度 27 分 39.27 秒 130 度 20 分 51.92 秒
MAPCODE®	224 147 840*45

■参考タイム

林道駐車スペース〜 20 分〜取りつき点〜 15 分〜砂防堤／分岐〜 25 分〜小滝〜 25 分〜道標 23-1 〜 30 分〜小爪峠〜 15 分〜猟師岩山〜 35 分〜鬼ヶ鼻岩〜 15 分〜井手野林道分岐〜 40 分〜未舗装林道出合い〜 30 分〜椎原登山口〜 25 分〜林道駐車スペース（小爪峠まで＝1 時間 55 分／小爪峠から＝2 時間 40 分）

■関係市町村

福岡市早良区役所＝092（841）2131

＊距離は長いが、ビギナーでもＯＫ！

変化に富んだ周回ルートで花を愛でる山歩きを楽しもう！

　福岡市早良区の椎原（しいば）登山口から車谷ルートを登り、稜線の縦走路を西進して唐人舞の頂に立ち、椎原峠ルートで下山する周回ルートを案内しよう。唐人舞は東の矢筈峠と西の椎原峠のほぼ中間にある平頂で、標高は９１１・０メートル。山頂には巨岩が鎮座し、山名はこの巨岩の上で唐人が故郷を偲んで舞いを舞ったという言い伝えにちなむ。

　井原山や金山ほどメジャーではないが、唐人舞をめぐる行程は脊振山系の中でも指折りの人気を誇る。というのも、草本・木本を問わず花に事欠かないからである。とりわけコバノミツバツツジが稜線を彩る季節には味わい深いものがある。

　加えて、沢を詰め、稜線をたどり、再び沢を下るという変化に富んだルート自体の魅力も見逃せない。二つの沢は渓相を異にし、稜線はなだらか。もちろん、展望が開ける所もある。それらが相乗し、人気を支えていると言ってよい。

　なお、椎原登山口には広い駐車場がなく、スペースは分散している。天気のよい休日ともなると、朝から満車になることも珍しくない。そんな場合は、周辺の林道脇に節度を守って駐車しよう。

　さて、準備を整えたら、舟入橋のたもとにある脊振山系の案内板を確認し、「矢筈峠１１０分」の道標に従って、左手の登山道に入る。歩き始めは、植林帯の中のなだらかな道が続く。10分ほどで自然林に変わり、間もなく右手から流れ込む支沢を渡る。

　沢音を聞きながら進み、広葉樹育成地を抜ける。その先にイロハモミジの大木が一本沢を覆うように立っている。あまり知られていないが、清流に錦秋を映す姿は見事の一言。

　この辺りから林道出合いにかけては光が差し込む浅い谷間で、日本庭園風の趣がある。ケヤキやカエデが多く、紅葉も見られる。ヤブツバキの落花がケヤキの落ち葉を彩る光景も風情があっていい。そのほか、早春にはホソバナコバイモ、春にはニリンソウ、ラショウモンカズラ、ツクシタニギキョウ、夏にはオオキツネノカミソリが咲く。

　林道に出たら、左へ歩くことすぐで右手に取りつきがある。最初はなだらかだが、やがてやや急な上りに

椎原登山口の車谷ルート取りつき点。道標に従って左を取り、植林帯の中を進む。

林道出合い下部の森はことのほか美しい。秋はケヤキの落ち葉の絨毯になる。

10 分ほど歩けば自然林に変わり、落葉樹と照葉樹の清々しい混交林が続く。

林道に出たら左を取る。数分で右手に取りつき点がある。このあと、ややきつい上りが待っている。

渓を覆うイロハモミジの大木。秋にはぜひ立ち寄りたい所だ。清流に映る錦秋が深まりゆく秋を感じさせる。

急登が終わり、尾根の切り通しを抜ける。この先に幅の広い渡渉点がある。増水時は要注意。

渡渉を繰り返しながら緩やかに登っていくと、右手に滑滝が見えてくる。

急登を経てV字谷の上りにかかる。足下はザレている。奥のハシゴを登れば矢筈峠だ。

変わり、尾根の切り通しを抜ける。幅の広い沢を渡って（増水時、要注意）、右手から沢を合わせる。ここが、いわゆる二俣だ。この辺りにもラショウモンカズラやオオキツネノカミソリが多い。ヤマアジサイも点在する。

渡渉を繰り返しながら道なりに登ると、やがて右手に滑滝が見えてくる。それをすぎたころから谷は次第に狭くなり、傾斜も急になる。ザレた足場のV字状の谷を詰め上げ、金属製のハシゴを登れば、福岡管区気象台・脊振山気象レーダー観測所の舗装路が通る矢筈峠に到着だ。

以上が車谷ルートの概要で、きつい上りは尾根の切り通しの手前、および最後のV字谷の二ヵ所だけ。あとはおしなべて緩やかな上りで快適に歩ける。

矢筈峠からは右を取り、舗装路を緩く登ってゆく。5、6分で道標の立つ分岐に出合い、左手の登山道に

矢筈峠から舗装路を抜け、コバノミツバツツジが点在する稜線の縦走路を西進する。

白砂の広場。幾つか岩が転がっており、そこに腰かけてランチタイムを楽しむ人が多い。記憶に残る場所だ。

入る。周囲はコバノミツバツツジの交じる落葉樹林、足元はミヤコザサ。登山道は硬く踏まれ、鼻歌の一つも出そうなくらい心地よく歩ける。

左手に太鼓岩分岐を見て、樹林の中をしばらくたどると突然前方が開け、白い砂の広場に飛び出す。井原山山頂に似た平らなピークは、山行後も記憶に残る場所である。展望もよく、コバノミツバツツジも多い。

唐人舞の山頂は狭いため、ここでランチタイムを楽しむ人も少なくない。古くは「インディアン峠」と呼ばれていたと記憶するが、それを記した資料が見つからない。便宜的に「白砂の広場」としておく。

ひと息入れたら再び樹林の中に入り、稜線を北西へたどる。ここから唐人舞周辺にかけてはコバノミツバツツジの密生地帯と言ってよく、ゴールデンウイークのころは花のトンネルと化す。道脇にはスミレ類をは

稜線の好展望地から西方向を望む。遠景奥は金山。

じめ、野草が点在する。

白砂の広場から20分ほどで右手に分岐を見て、ひと足で巨岩のある唐人舞山頂である。岩上に立てば、天望良好。東に脊振山のレーダードーム、西に鬼ヶ鼻岩、尖った金山を望む。

展望を楽しんだら、稜線に戻って椎原峠を目指そう。ほどなくして樹林は途切れ、展望地に出る。そこから緩く下ると照葉樹が交じり始め、いつしか照葉樹の森に変わる。こうした樹相の変化を感じ取るのもこのルートの楽しみの一つである。

鬱蒼とした照葉樹の中をぐんぐん下ると、やがて前方にエアポケットのような明るい広場が見えてくる。そこが頭上の開けた椎原峠で、再びコバノミツバツツジを見る。直進は鬼ヶ鼻岩を経て小爪峠へ。左は佐賀県側の一谷へ。ここは右を取って樹林の中を下る。

ここからが椎原峠ルート。全般に谷は深く、厚い照葉樹林に覆われている。車谷

唐人舞山頂。巨岩が占拠しており、大休止を取るスペースは限られている。岩の上に立てば大きな展望が得られる。

唐人舞分岐。山頂は右に折れて数分の所。春、その道脇をスミレが彩る。

照葉樹林の中を道なりに下ると、エアポケットのような椎原峠が見えてくる。

林道出合いからわずかに下れば、メタセコイア林に到着だ。椎原峠ルートの名所の一つで、近年はInstagramにもたびたび登場する。

ロープが架かる岩の渡渉点。このあとも岩場の下りが続く。

ルートとは好対照だ。下り始めて間もなく支沢を渡るが、その手前の岩にツクシショウジョウバカマの小さな群落がある。

　次の渡渉点は渓谷の岩場で、苔むした岩にロープが架けられている。その先も岩場を通過するが、慎重に歩けば特に問題はない。やがて深い谷を右手に見下ろす登山道に変わり、道なりにぐんぐん下ろう。

　植林帯に入ったら、そこから約20分でスギの幼木帯を抜け、林道に下り立つ。林道を横切って再び登山道に入ると、数分でメタセコイア林に到着だ。ここは椎原峠ルートの名所の一つ。天に向かってそそり立つメタセコイアは、瑞々しい新緑の初夏、熱帯のジャングルを彷彿させる夏、褐色に色づく秋と楽しみは多い。

　メタセコイアの森に別れを告げて渡渉し、左手に沢を見ながら下る。左手に鬼ヶ鼻岩直登ルート分岐を見て平坦な道をしばらくたどれば、舗装された椎原峠ルートの取りつきに出る。あとは舗装路を下ること数分で、スタート地点の椎原登山口である。

山行アドバイス

①歩行距離約8キロの周回ルート。道標、登山道ともに整備が行き届いている。好対照の二つの谷と稜線歩きは変化に富み、コバノミツバツツジをはじめ花も多く、四季折々に楽しみが尽きない。

②迷いやすい所や危険箇所は特にない。強いて挙げれば、往路・復路ともに幅の広い渡渉点があること。および、椎原峠からの下りの岩の渡渉点付近は要注意。苔むした岩は滑りやすい。また、きつい上りは、本文に記した車谷ルートの二ヵ所のみ。ただし、反時計回りで歩く場合は、椎原峠から唐人舞にかけてのダラダラと続く上りがそれなりに堪える。

椎原から唐人舞

山行データ

標高	唐人舞＝911.0m
単純標高差	約 525m
歩行時間の目安	約 4 時間 10 分
緯度経度（スタート地点）	33 度 27 分 16.21 秒 130 度 21 分 7.26 秒
MAPCODE®	224 147 289*33

■参考タイム

椎原登山口～ 45 分～未舗装林道出合い～ 30 分～滑滝～ 35 分～矢筈峠～ 20 分～白砂の広場～ 20 分～唐人舞～ 30 分～椎原峠～ 35 分～未舗装林道出合い～ 35 分～椎原登山口（往路 2 時間 30 分／復路＝1 時間 40 分）

■関係市町村

福岡市早良区役所＝092（841）2131

23 田中から脊振山（周回）

＊ビギナーでもＯＫ！

脊振神社上宮へ続く古い参道をたどって山系最高峰の頂へ

脊振神社は日本六所弁財天の一社といわれ、下宮は佐賀県神埼市の田中集落に、上宮は脊振山系の盟主脊振山の頂に鎮座している。

その下宮の上部、県道305号沿いにあるのが田中登山口だ。標高約710メートル地点にあり、山頂との単純標高差は350メートル足らずしかない。それゆえ、ここから取りつけば、比較的楽に山頂に立つことができる。

登山口には駐車可能な草付きの小広場あり、ここから二本の登山道が北に延びている。「登山道入口」と書かれた大きな案内板が指し示す右の道は脊振山へ、左の道は矢筈峠に通じてい

田中ルートのシンボル、大杉。樹齢は推定 400 年。幹周は 5.13 メートル。背後にコハウチワカエデの大木がそびえ、秋には見事な紅葉が見られる。

案内板が立つ田中登山口。右手の登山道に入り、左回りに周回する。

歩き始めは、植林帯の中を進む。

大小の石が点在する登山道をたどる。ルート中、特に急な上りはない。

倒木の先にある二番目の渡渉点。比較的大きな沢で、梅雨時や雨後など水量が多い際の渡渉には注意が必要だ。

る。右手の道を上りに使い、山頂に立ったあと、矢筈峠へ周回して左の道へ下山しよう。

歩き始めは、植林帯の中の作業道を北東へたどる。間伐材がそのまま放置されている姿が痛々しい。倒木をくぐった先で渡渉し、右岸を詰めてゆく。沢沿いの岩場を抜けると、ほどなくしてそそり立つスギの巨木が前方に見えてくる。

これが幹周5・13メートルを誇る「大杉」だ。この辺りから道幅は広くなり、足元には大小の石が散らばるようになる。これは脊振神社上宮への参道だった石段の名残り。点在するスギは参道脇に植えられたものだろう。

「大杉」の先から急カーブし、進路を北に変えて尾根に乗る。「山頂まで１０００ｍ」の道標をすぎ、右手下に沢を見下ろしながら進むと、やがて沢に出合う。渡渉して行く手を塞ぐ倒木を潜れば、ひと上りで県道３０５号に飛び出す。

県道を渡り、道標に従ってコンクリートの階段を登り切った三差路にたにし仏が鎮座している。右を取れば蛤岳へ。ここは左を取って自然林に包まれた階段を緩く登ってゆく。前方が開けたら、間もなく山頂直下の広場に到着だ。左手の下はキャンプ場で、広場まで車道が通じており、駐車可能。トイレもある。

山頂へは直進して車道を少しばかり歩き、道標に従って右へ折れ、自衛隊のフェンス沿いに階段を登り詰める。ほどなく右手に山小屋を見て脊振神社上宮に達し、そこから急な石段を登れば三等三角点のある山頂である。

展望は、一部自衛隊の建造物を除いて良好。北の眼下に福岡市の街並み、その向こうに玄界灘を望む。南に眼を移せば、天山や雲仙の山並みが墨絵のように浮かぶ。そんな景色をひとしきり楽しんだら、キャンプ場へ戻ろう。

東屋のそばに立つ「城原川源流の地」の道標から山道に入り、矢筈峠を目指す。

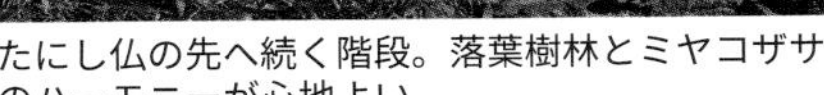

たにし仏の先へ続く階段。落葉樹林とミヤコザサのハーモニーが心地よい。

脊振山の山頂。周りを自衛隊駐屯地に囲まれているものの、盟主だけあって展望は抜群だ。

樹林帯を抜けたら舗装路が交差する地点に出る。直進してゲートの脇を抜ける。

矢筈峠。右手は車谷から上がってきた登山道。田中登山口は、左手奥のミヤコザサの中を下る。

ブナやカエデをはじめとした美しい樹林帯の中に木道が続く。脊振山に登ったら、ぜひ歩きたい場所だ。

右手にちょろちょろ流れる水場を見て進むと、ブナやカエデといった落葉樹林の中に木橋や木道が続く。春の新緑、秋の紅葉、冬の霧氷など心休まる樹林帯で、このルートのハイライトの一つと言っていいだろう。

樹林が途切れたら、舗装路に出合って直進。ゲートの右手を抜け、福岡管区気象台の専用道路をひたすら下る。下りきった所が矢筈峠で、右手は椎原登山口へ。「田中3・5KM」の古い道標に従って、左の踏み分け道へ入ろう。ミヤコザサに覆われており、いささか不安になるが、ほんのわずかで樹林帯に続く硬い踏み跡が現れる。

このルートは、往路の旧参道に比べると歩く人が少なく、荒れた感じが漂っている。ガレた涸れ沢の下りやミヤコザサに埋もれた部分などがあり、渡渉点も多い。地図、コンパス、GPSなどを使って慎重に下ろう。目印になるのは頭上に走る電線で、広い谷に出て涸れ沢を渡ったら、これを確認して進むといい。水量の多い沢を三度渡渉したら、田中登山口へ飛び出す。

炭焼き窯の跡。この先で二度渡渉し、開けた谷間に出る。ミヤコザサの侵食が著しい。

最後の渡渉点。これを渡れば、登山口は近い。

山行アドバイス

①登山口にトイレはない。最寄りのコンビニや脊振神社下宮などで済ませておきたい。駐車は、登山口の草付きの小広場に2~3台、県道の路肩にも数台置けるスペースがある。

②往路の旧参道は登山道、道標とともによく整備されており、ビギナーでも安心して歩ける。一方、復路は道標もなく、涸れ沢の中など踏み跡の不明瞭な部分がある。山に慣れた人なら特に問題はないが、ビギナーは往路を戻ろう。

ただし、ハイライトの一つであるキャンプ場そばの木道には立ち寄りたい。その際、そのまま舗装路に出て左を取り、県道305号を下るとよい。

③逆ルートの場合、矢筈峠から山頂までの舗装路の上りがきつい。左回りがベストである。

山行データ

標高	脊振山＝1054.6m
単純標高差	約 345m
歩行時間の目安	約 2 時間 35 分
緯度経度 （スタート地点）	33 度 25 分 30.40 秒 130 度 21 分 52.78 秒
MAPCODE®	224 029 423*23

■参考タイム

田中登山口～ 20 分～大杉～ 25 分～県道出合い～ 10 分～山頂広場～ 10 分～脊振山～ 10 分～山頂広場～ 25 分～矢筈峠～ 25 分～涸れ沢渡る～ 30 分～田中登山口（往路＝1 時間 5 分／復路＝1 時間 30 分）

■関係市町村

神埼市商工観光課＝0952（37）0107

24

小川内から蛤岳（周回）

＊子ども連れでも安心して歩ける

ファミリーでも歩ける アップダウンの少ない最短ルート

古いガイドブックを見ると、蛤岳の東側にある小川内から歩く登山道が示されている。林道や五ケ山ダムの建設に伴って道は寸断されてしまったが、一部はまだ生きている。

それをたどって蛤岳に登るルートを紹介しよう。坂本峠からのメイン登路に比べると歩行距離は短く、アップダウンも少ない。加えて、周回も可能。半日遊ぶには格好のルートである。

アプローチを記しておくと、目印として五ケ山ダムに架かる佐賀大橋が挙げられる。福岡県側からなら国道385号を南下してこの橋を渡り、右折して県道136号に入る。

県道を脊振少年自然の家方向に進み、五ケ山ダム建設に伴って移植された佐賀県指定天然記念物の夫婦杉（指定名は「小川内の杉」）を左手に、さらに五ヶ山豆腐を右手に見た先の左手に林道入り口がある。

ここを左折し、道なりに登っていくと大野から上ってきた林道にぶつかる。これを右折して5分ほど走ると、林道三差路のゲートに出合う。ゲートから先は一般車の進入は禁止。その手前右手のスペースに駐車する。それほど広くないから、満車の場合は周辺の路肩に通行を妨げないよう駐車しよう。林道はここまで完全舗装で、普通車でも問題なく入ることができる。

準備を整えたらゲートを越え、三差路を左に取って舗装林道を15分ほど歩けば永山峠に到着だ。ここで坂本峠から上がってきた登山道と出合う。ここが取りつき点で、蛤岳を示す道標が立っている。

登山道に入ると、やがて左手に蛤水道が見えてくる。蛤水道は、1926（大正15）年築造といわれる用水路で、筑前（福岡）側に流れていた水を肥前（佐賀県）側に流し込むために造られた。面白いことに脊振山系の稜線を走っている福岡と佐賀の県境はこの蛤水道の部分だけ稜線から大きく外れ、福岡県側に食い込んで

林道三差路のゲートと駐車スペース。車はここまでしか入れない。ゲートを抜けて左へ進む。

ゲートから15分ほどで蛤岳と坂本峠を結ぶ縦走路に出合う。この先は道標が案内してくれる。

蛤水道は、コンクリート造りに変わったとはいえ、今なお現役だ。いつも軽やかな水音を立てて流れている。

心和む渓流沿いの道。蛤岳の北側を回り込むこの道がかつての小川内ルートの名残である。

いる。

国境を挟んだ水争いは、古来絶えなかったそうであるが、蛤水道はそんな歴史を今に伝える貴重な遺構で、２０１０年に土木学会選奨土木遺産に認定されている。１９５２（昭和27）年にコンクリート造りに改修されて、現在も現役の水路として活用されている。

水路の途中で左に曲がれば20分ほどで山頂だが、水路に沿って右手に進もう。せせらぎの音を聞きながら緩やかな道をたどって山頂を目指すことができる。

ほどなくして出合う土木学会が建立した石碑周辺は要注意。ここから右手に広い道が続いており、思わず

蛤水道に沿って歩くと、土木学会が建立した石碑に出合う。ここは右を取らずに水路に沿って進む。

真っ直ぐに延びる細い水路。これに沿って歩く。夏草が茂ると足下が分かりにくいことがある。

蛤岩からの展望。佐賀平野を望む。残念ながら、植林されたヒノキが背を伸ばし、視界は年々悪くなっている。

沢を抜けると縦走路に合流する。周囲はスギ林だが、地形は平らで歩きやすい。

蛤岳山頂はこぢんまりとした広場で、のんびりくつろげる空間だ。

県道 136 号沿いに移植された佐賀県指定の天然記念物「小川内の杉」。下山後、立ち寄ろう。

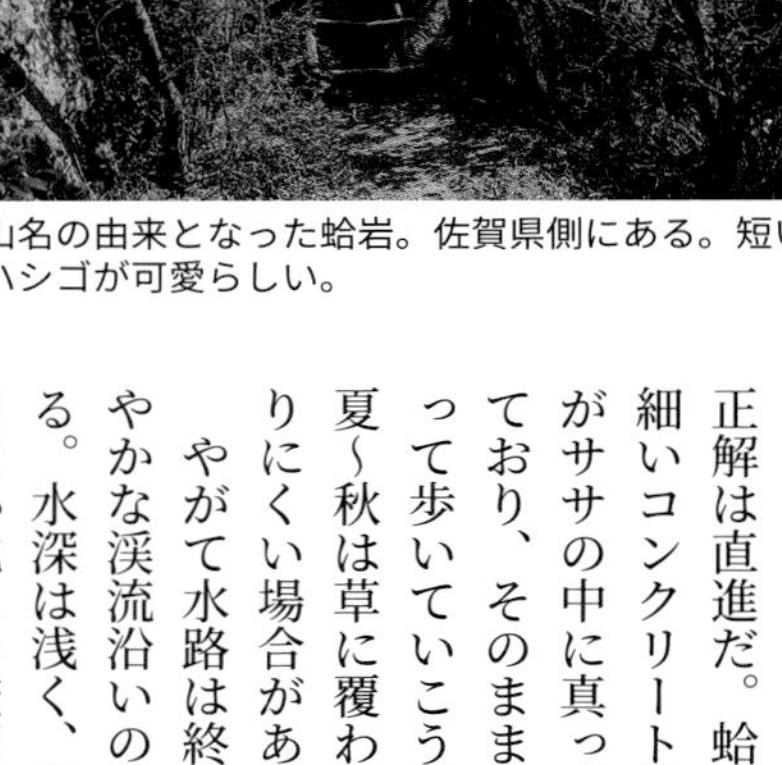

山名の由来となった蛤岩。佐賀県側にある。短いハシゴが可愛らしい。

そちらに進みたくなるが、正解は直進だ。蛤水道より細いコンクリート製の水路がササの中に真っ直ぐ延びており、そのまま水路に沿って歩いていこう。ただし、夏〜秋は草に覆われて分かりにくい場合がある。

やがて水路は終わり、緩やかな渓流沿いの道に変わる。水深は浅く、苔の緑が目に心地よい空間だ。水流の存在を身近に感じられる道は、夏の納涼登山にもうってつけである。暑い季節は蛤岳を目指さずに、この渓流のほとりでゆっくり過ごすのもよかろう。

この先は次第に高度を上げながら、植林の中を進んでいく。歩く人は少ないようで、踏み跡の薄い所もあるが、慎重に歩けば迷うことはない。稜線の縦走路に合流すれば、山頂はもうすぐそこである。

蛤岳山頂は樹林に包まれた平らな小広場で、のんびりくつろげる。佐賀県側には山名の由来となった蛤岩がある。大きな花崗岩で、東西にぱっくり割れた姿が口を開いたハマグリに似ていることから名づけられたという。その上に立てば、佐賀平野を見下ろす展望が楽しめる。そばにはヤマボウシの木もある。ただし、植林されたヒノキが背を伸ばし、視界が年々狭くなっている感は否めない。

復路は、山頂から東へ。15分ほど下れば、蛤水道源流分岐に合流する。あとは往路を戻るだけである。

山行アドバイス

①路肩に駐車する場合は、林業作業車などの往来を妨げないよう注意しよう。国道385号沿いの大野から林道を走ってもいいが、距離が幾分長い。

②蛤水道の石碑から縦走路合流点までは歩く人が少なく、特に渓流沿いは踏み跡の薄い場所がある。短い距離ながら、地図やGPSアプリを準備しておこう。

小川内から蛤岳

山行データ

標高	蛤岳＝862.8m
単純標高差	約 165m
歩行時間の目安	約 2 時間 5 分
緯度経度 （スタート地点）	33 度 24 分 39.85 秒 130 度 23 分 30.11 秒
MAPCODE®	37 842 876*85

■参考タイム

林道三差路〜 15 分〜永山峠〜 10 分〜蛤水道源流分岐〜 40 分〜縦走路出合い〜 10 分〜犬井谷分岐〜 15 分〜蛤岳〜 15 分〜蛤水道源流分岐〜 5 分〜永山峠〜 15 分〜林道三差路（往路＝1 時間 30 分／復路＝35 分）

■関係市町村

吉野ヶ里町商工観光課＝0952（37）0350

25 坂本峠から蛤岳（往復）

＊距離は長いが、子ども連れでもＯＫ！

なだらかな縦走路をたどり、蛤岩が鎮座する山頂へ

坂本峠の蛤岳取りつき点。駐車場はなく、周囲の路肩のスペースに駐車する。

クジラのような形をした大岩の横を抜ける。

脊振山系の主稜線は、西の脊振山と東の九千部山の間で南へ大きく湾曲し、Ｕの字を描く。その底に当たるのが国道385号の通る坂本峠である。昔からの交通の要所であるが、狭いうえに急カーブが多く、難所として知られていた。

しかし、2006年に有料の東脊振バイパス（東脊振トンネル）が完成。また、2018年には前述した湾曲部に五ケ山ダムが建造され、周辺はすっかり様変わりした。そうした中、坂本峠は取り残されたかのように昔ながらの風情をたたえ、蛤岳、石谷山への登山口として機能している。

蛤岳へは北西へ約4キロの距離。単純標高差は約320メートルしかない。そのため、多少のアップダウンはあるが、山頂直下まで大方なだらかである。

そのアップダウンが歩き始めてすぐやってくる。いったん下る手前で正面に丸太のステップの急登が見えるため、面食らうかもしれないが、見た目ほどではない。それをすぎると、植林から雑木林に変わり、ゆっくり高度を上げてゆく。

前方に苔むした大岩が見えるころから平坦になり、間もなくクジラに似た形の岩を見る。その先で西へ進路を変えて橋を渡り、林道に出る。このあと、何度か林道と交差するが、これもこのルートの特徴である。さらには、植林帯を通過する所もけっこうあるとはいえ、全体的には自然林も多い。これも特徴の一つと言ってよかろう。

自然林は、タブノキ、アカガシ、シロダモなどのおなじみの照葉樹にリョウブやカエデの落葉樹が交じるといった感じである。落ち葉に覆われた林床にはヤブコウジも多い。

木洩れ陽の中、快適に歩を進めると、いつの間にか642・1ピークの脇を抜けて下りに差しかかる。登り返して傾斜が緩むと、再びなだらかな上りに変わり、スギ林の中の734ピークが待っている。

あまり知られていないけれど、この広くて平らなピークの北側にはツクシショウジョウバカマの群落がある。タチツボスミレも多い。季節が春ならザックを下ろ

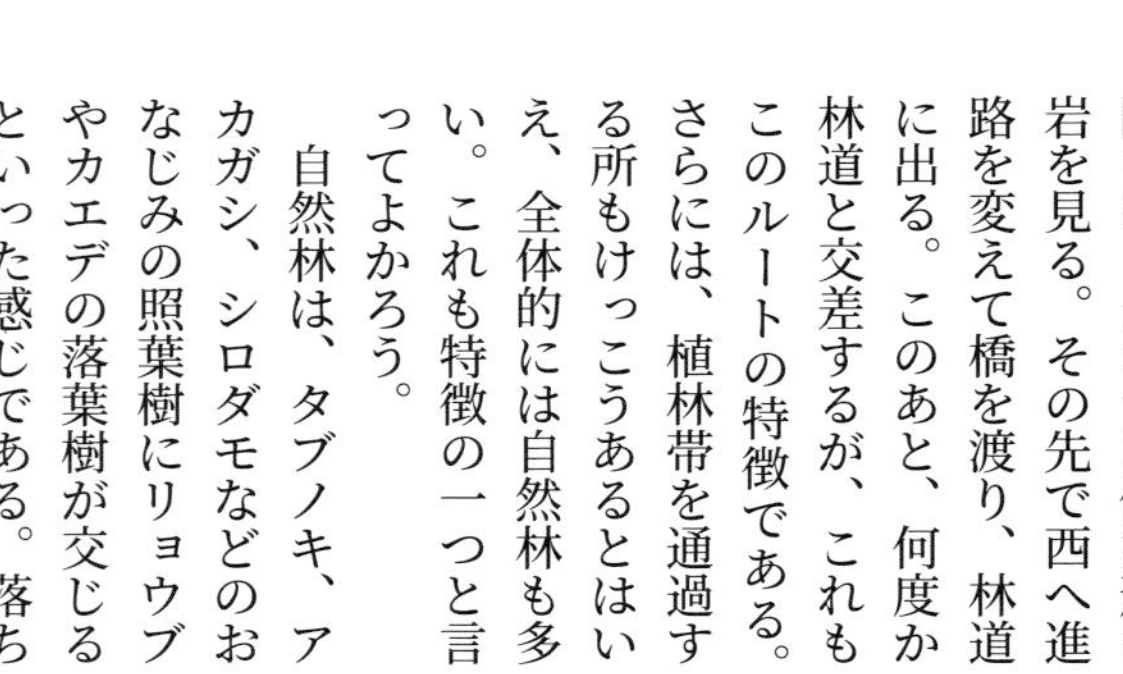

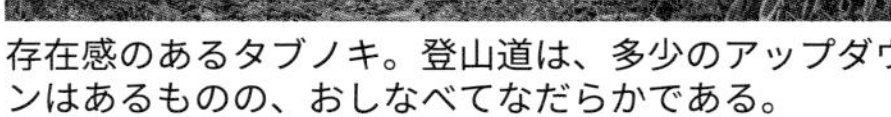

存在感のあるタブノキ。登山道は、多少のアップダウンはあるものの、おしなべてなだらかである。

して、いっとき可憐な花と遊ぶのもよかろう。

　そこから緩く下った所が永山峠で、登山道は林道で寸断されている。とはいえ、目の前に道標の立つ取りつきがあり、迷うことはない。わずかに登り返して幅の広い道を進むと、大きな水音が聞こえてくる。左手に蛤水道の終点があり、滝のように水が落ちているのだ。そこからは蛤水道に沿って歩こう。

　その先の三差路が蛤水道源流分岐。蛤水道はそのまま北側へ回り込み、水量豊かな沢とつながっている。蛤岳は左を取る。山頂まで標高差約１００メートルの上りだ。

　周囲は植林で、放置された間伐材が多いが、ほどなくして照葉樹と落葉樹の入り交じる自然林に変わり、

734 ピークの北側にはツクシショウジョウバカマの群落がある。スギ林の中ながら、春にはお花畑の観を呈する。

最後の林道を横切ると間もなく蛤水道が現れ、それに沿って歩いてゆく。

蛤水道源流分岐から山頂へ向かう。最初は植林だが、やがて自然林が多くなる。標高差約 100 メートルの上りだ。

蛤水道源流分岐から北へ少し歩いた地点には東屋がある。ひと息入れるには好都合である。

蛤水道源流分岐。蛤岳は左へ。

秋には紅葉もわずかながら楽しめる。春にはエイザンスミレが微笑んでくれる。

　前方が開けたら、小広場風の山頂に飛び出す。左手に蛤岩がのぞき、右手には九州自然歩道の案内板が立っている。三等三角点は広場から西へわずかに登った地点にある。樹林に包まれた山頂は、とても居心地がよく、のんびりくつろげる。蛤岩からの展望を楽しんだら、往路を戻ろう。

樹林に包まれた小広場風の蛤岳山頂。のんびりくつろげる所だ。

蛤岩と蛤岳の説明板。可愛らしいハシゴが架かっている。これが、思いのほか役に立つ。

蛤岳の三等三角点は、小広場のすぐ西の一段小高い所にある。

蛤岩から佐賀平野を見下ろす。年々前方のヒノキ林が成長し、視界は悪くなる一方だ。

山行アドバイス

①子ども連れでも歩けるハイキングルート。山頂直下を除けば、なだらかな所が多く、急登も長く続く上りもない。ただし、往復するしかなく、歩行距離は8キロある。

坂本峠から蛤岳

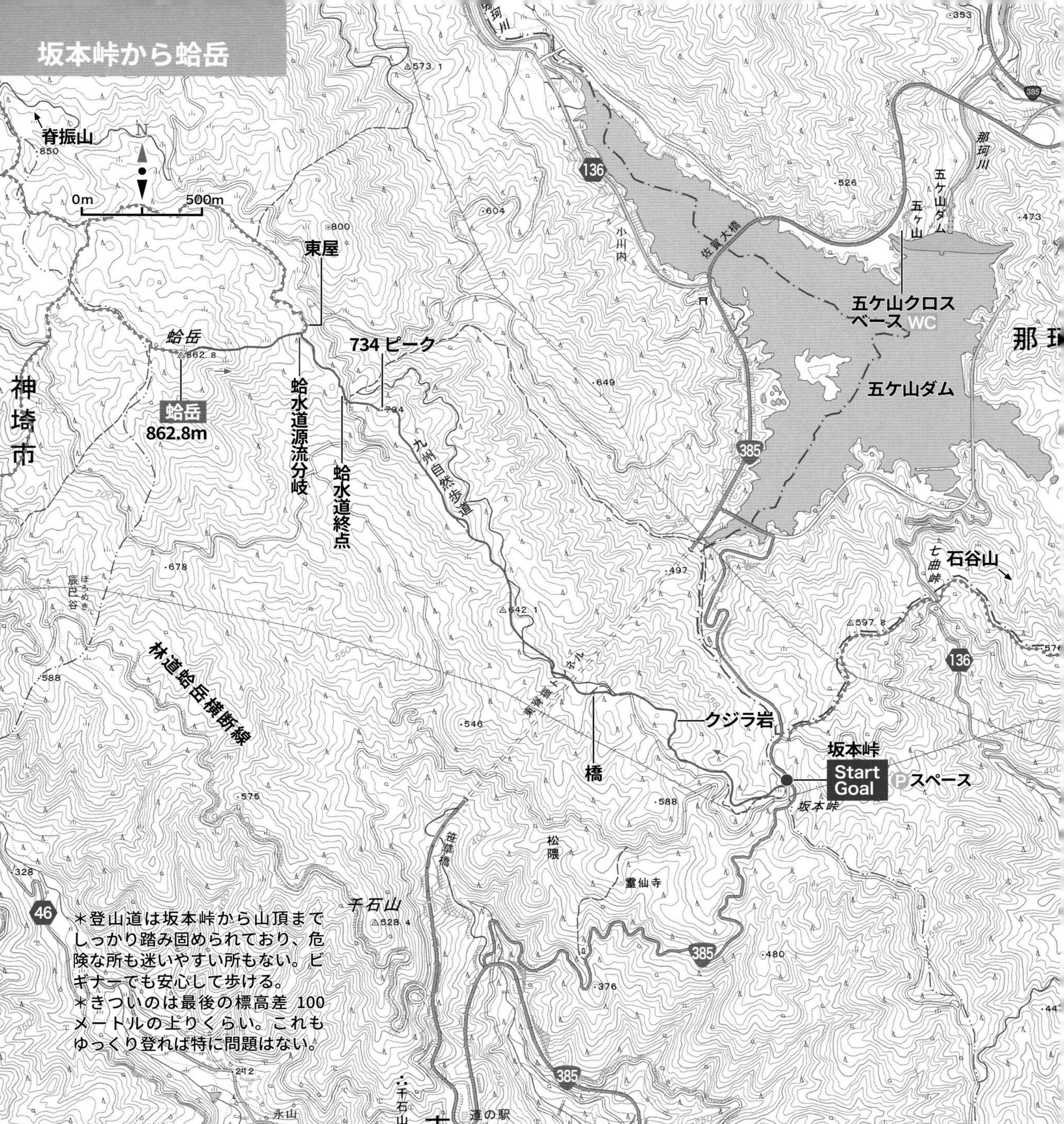

山行データ

標高	蛤岳＝862.8m
単純標高差	約 320m
歩行時間の目安	約 4 時間
緯度経度 （スタート地点）	33 度 23 分 35.73 秒 130 度 24 分 41.20 秒
MAPCODE®	37 784 768*05

■参考タイム

坂本峠～ 25 分～橋～ 60 分～ 734 ピーク～ 20 分～蛤水道源流分岐～ 25 分～蛤岳～ 20 分～蛤水道源流分岐～ 20 分～ 734 ピーク～ 50 分～橋～ 20 分～坂本峠（往路＝2 時間 10 分／復路＝1 時間 50 分）

■関係市町村

みやき町企画調整課＝0942（89）1655
吉野ヶ里町商工観光課＝0952（37）0350

26
犬井谷から蛤岳（周回）

＊子ども連れでもＯＫ！

佐賀県側からのアプローチ抜群、半日ハイクで蛤水道を楽しむ

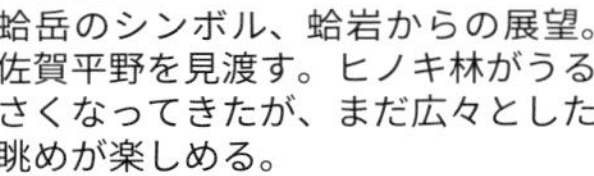
蛤岳のシンボル、蛤岩からの展望。佐賀平野を見渡す。ヒノキ林がうるさくなってきたが、まだ広々とした眺めが楽しめる。

佐賀県側から蛤岳を目指す場合、林道蛤岳横断線の犬井谷登山口から登るのが最も手軽である。

蛤岳横断線とは、国道385号と脊振山麓を結ぶ森林基幹道で、蛤岳南西斜面の標高約350〜650メートル付近を通っている。入り口は東脊振トンネルと道の駅吉野ヶ里さざんか千坊館の間にあり、佐賀県側から車を走らせると、東脊振トンネルの手前で左手に見える大きなループ橋がこの林道だ。

全面舗装で、道幅は1・5車線程度。随所に退避所が設置されており、とても走りやすい。ただし、カーブが連続して見通しが悪いため、運転は慎重に。林業作業車も多く通る道だ。国道から5キロほど走ると、犬井谷登山口に到着。路肩に4〜5台ほど駐車できるスペースがある。

歩き始めは開けた伐採地だが、ほどなく植林帯へ入っていく。登山道にはスギの落枝が多く、倒木も所々にある。そのため、少し歩

林道蛤岳横断線入り口。佐賀県側から国道 385 号を東脊振トンネルへ向かう手前にある。

犬井岳の登山口。広い路肩に数台駐車できる。取りつき点は駐車スペースの正面にある。

犬井谷分岐から蛤岳へ向かう。周囲が自然林に変われば、山頂は近い。

植林の中の登山道。未舗装林道に出合うまでは倒木が多い。ケルンに導かれて登る。

蛤岳山頂の小広場。樹林に囲まれて展望は蛤岩のみだが、平らでくつろぐにはもってこいの所だ。

稜線の縦走路に立つ犬井岳分岐の道標。昔からある犬井谷ルートだが、登る人は多くない。廃道化しないためにももっと歩いていただきたい。

きにくい道が続く。加えて目印が少なく、林業作業用なのか、脇に逸れる踏み跡も散見される。初めての場合はルート取りに少し戸惑うかもしれない。

　しかし、よくよく進行方向を見れば、要所には登山者を導くようにケルンが積まれていることに気づくだろう。ケルンは先人たちの心遣い。その思いを受け継ぐべく、石を一つ積み上げて歩を進めるのもいい。

　30分ほどで未舗装林道に出合う。ここで休憩がてら少し足を止めよう。周囲はスギ林から抜け出た明るい空間。これまでの単調な風景とは異なり、足元には種類は限られるが、季節ごとに野の花が咲いている。春には可憐なタチツボスミレが微笑み、ホッと心が和む。ひと息ついて気分を変えるにはいい場所だ。

　林道から先は再び植林の中を歩く。道はいくぶん歩きやすくなり、10分ほどで脊振山と蛤岳を結ぶ稜線の縦走路に合流する。ここを右に取り、15分ほど先、周囲が植林から自然林に変われば、もう蛤岳山頂だ。三等三角点にタッチして小広場に下り、蛤岩からの展望を楽しもう。

　犬井谷登山口から休憩を挟んでも約1時間。帰りは往路を戻ってもいいが、それではもったいない。蛤水道への周回がおすすめだ。山頂から東に15分ほど下れば蛤水道に出合う。ここを右に取れば、2時間ほどで坂本峠へ。左に取れば、蛤水道を周回して犬井谷登山口へ戻れる。

　蛤水道沿いの道は快適な散策路。人工水路とはいえ、春のせせらぎ沿いにはチャルメルソウ類やネコノメソウ類など水気を好む野草が見られ、秋にはオタカラコウの黄色い花がせせらぎを彩る。

　興味深いのは、水道沿いの道に数ヵ所「野越し」というオーバーフロー設備が見られること。これは多雨

いつも涼しげに流れる蛤水道。右手の一段低くなった部分がオーバーフローという知恵である。

コンクリートの水路を抜けて渓流へ向かう。

蛤水道へ向かうため、坂本峠方面へ下る。山頂直下の鞍部にあるリョウブ林。この先にはカエデの多い所もある。

期に水位が上昇して水路が損壊するのを防ぐための設備で、蛤水道の構造的な特徴の一つである。

石碑の立つ蛤水道の起点からは左を取り、コンクリート製の水路に沿って歩こう。その先に穴場的な渓流が待っている。植林のイメージが強い山域にこんな静かな場所があったのかときっと驚くだろう。周囲には自然林が見られ、カエデ類をはじめとする落葉樹の森には野の花も多く、春から秋にかけて歩きたくなる場所だ。

渓流を抜けて、再び植林帯に入れば、脊振山から続く縦走路に合流する。ここには古い道標が立っている。それに従って左へ進み、5分ほど歩けば犬井谷分岐に出合う。あとは往路を戻るだけである。

山行アドバイス

①路肩に駐車する場合は、林業作業車などの往来を妨げないよう注意のこと。

②植林帯は作業用の踏み跡が複数あり、ルートを取り違えやすい。ケルンを確認しながら歩こう。

③蛤岳とは逆方向になるが、脊振山に向かう縦走路には一部崩壊箇所がある。そのため、2020年4月現在、通行止めとなっている。迂回路が設定されており、脊振山方面へ縦走する場合は注意しよう。

［問い合わせ］佐賀県有明海再生・自然環境課＝0952（25）7080

苔むした岩を縫って清流がほとばしる。規模は小さいながらも、ここには心安らぐ景色がある。

縦走路との合流点に立つ九州自然歩道の古い道標。ここから左を取って犬井谷分岐を目指す。

山行データ

標高	蛤岳＝862.8m
単純標高差	約 230m
歩行時間の目安	約 2 時間 30 分
緯度経度（スタート地点）	33 度 24 分 17.49 秒 130 度 22 分 36.58 秒
MAPCODE®	37 840 195*55

■参考タイム

犬井谷登山口～ 30 分～未舗装林道出合い～ 10 分～犬井谷分岐～ 15 分～蛤岳～ 15 分～蛤水道源流分岐～ 40 分～縦走路合流点～ 10 分～犬井谷分岐～ 10 分～未舗装林道出合い～ 20 分～犬井谷登山口（往路＝55 分／復路＝1 時間 35 分）

■関係市町村

神埼市商工観光課＝0952（37）0107

27 七曲峠から石谷山（往復）

＊ビギナーでもＯＫ！

ヤブツバキとアカガシの森をたどって森林浴を楽しむ

石谷山は、北に位置する九千部山とセットで語られることが多い。というのも、二つのピークを結ぶなだらかな稜線歩きに大きな魅力があるからだろう。

しかしながら、アカガシを主体とする照葉樹に包まれた山頂周辺は、渋い演技で観客を魅了するベテラン俳優の趣があり、単独で登ってもなかなか楽しい。登路は、稜線のほか、東の七曲峠と西の御手洗ノ滝から延びている。ここでは、七曲峠から往復するルートを案内しよう。

七曲峠は、国道385号が通る坂本峠の東側すぐの所にある。県道136号が福岡県那珂川市と佐賀県みやき町を結び、峠から北上すると五ケ山ダムの南端に突き当たり、南進すると鷹取山（403・4）の登山口、山田水辺公園に至る。七曲峠に駐車場はないが、九州自然歩道の案内板が立つ取りつき点周辺に数台置けるスペースがある。

取りついてしばらくは緩やかな上りが続き、まずは576ピークを目指そう。10分ほどで「山」と刻まれた石を左手に見る。周囲は雑木林で、3～4月ごろには点在するヤブツバキが硬く踏まれた登山道に赤い色を添える。

道標206をすぎ、緩く登って576ピークに達し、下る途中に再び「山」と刻まれた石を見る。これは境界見出標と呼ばれるもので、営林局の植林界を示しているそうである。その先、右手に南側の開ける展望地がある。ここでひと息入れるといい。

展望地から鞍部に下り、露岩のある道を登り返した地点に衝立のような形をした岩がある。それをすぎ、「山」の字の境界見出標をもう一つ見た先からいったん下り、道標209までややきつい上りが続く。だが、周囲はヤブツバキの森で、春先には紅色の落花が風情を誘う所だ。焦らずゆっくり登っていこう。

道標209からはなだらかな上りに変わり、いったん下って登り返すと頭上が開け、ヤマザクラの大木を見る。ここまでくれば、山頂はもう間近。

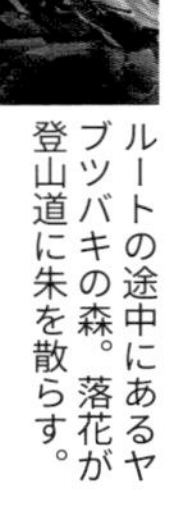

ルートの途中にあるヤブツバキの森。落花が登山道に朱を散らす。

七曲峠にある取りつき点。九州自然歩道の案内板が目印。この手前に駐車スペースがある。

赤い「山」の字が山中で目立つ境界見出標。

576 ピークから下ると、右手に展望地がある。樹林の道が多いこのルートの中では貴重な場所だ。

右手に衝立のような岩を見て硬く踏まれた登山道をたどる。

ひと上りで縦走路の三領堺峠に飛び出し、右を取って5分ほどで照葉樹に包まれた静かな石谷山山頂に至

稜線の縦走路にある三領堺峠。石谷山山頂は、ここから南東に歩くこと数分だ。

このルートにはシキミも多い。

三領堺峠から山頂周辺にかけての森はことのほか美しく、何度でも歩きたくなる。アカガシの森に続く登山道を写す。

る。山頂標識、三等三角点のそばに木製の古いテーブルとベンチがあり、ランチタイムなどのんびりくつろぐにちょうどいい。

ちなみに、三領堺峠から山頂にかけての照葉樹の森は、派手さこそないものの、しっとり落ち着いた雰囲気が漂い、樹林の温もりが心と体をじんわり包んでくれる。まさに森林浴の森といった面持ちで、点在するアカガシの大木がいいアクセントになっている。この先、末長く守ってゆきたいものである。

静かなたたずまいの石谷山山頂。三等三角点といささか古いもののテーブルとベンチがある。

山行アドバイス

①坂本峠周辺は、五ケ山ダムの建造に伴って大きく様変わりした。道路状況も同様で、七曲峠へのアプローチに際してはカーナビやスマートフォンの地図アプリを活用しよう。なお、国道385号と県道136号は舗装林道で結ばれている。普通車でも問題ない。

②登山道、道標ともにしっかりしていて、安心して歩ける。道標には200番代の数字が順に刻まれており、それをたどりながら歩くとよい。なお、九千部山まで足を延ばす場合は、往復約1時間30分前後見ておく必要がある。

③登山道はほとんど樹林に包まれている。草本・木本を問わず花はそれほど多くないが、春ならスミレ類、ハルリンドウ、ヤマザクラ、アオキ、シキミ、ミヤマシキミなどが楽しめる。

登山道を飾るミヤマシキミの花。開花期は４月初旬から中旬にかけて。冬には赤い果実をつける。

七曲峠から石谷山

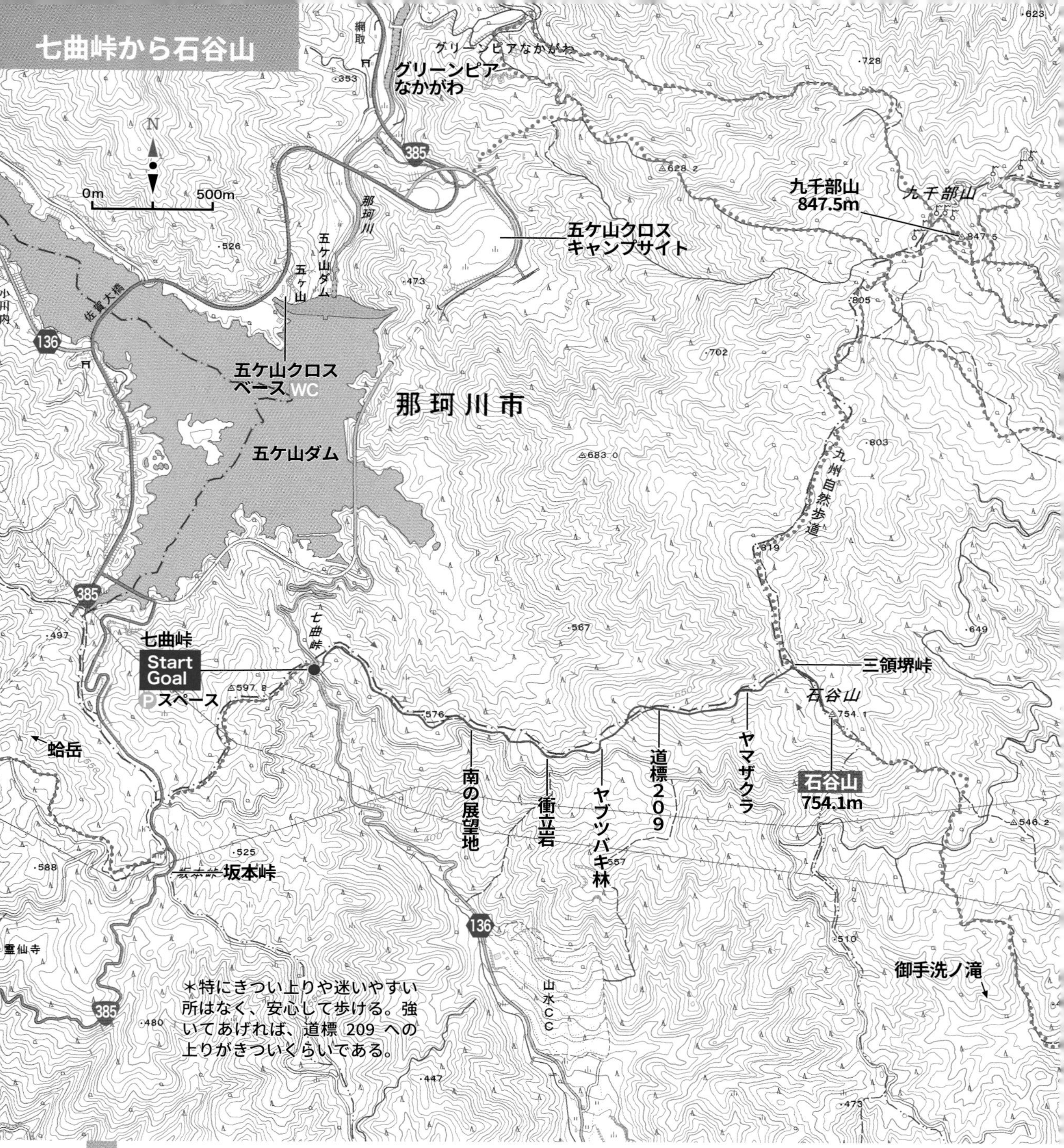

山行データ

標高	石谷山＝754.1m
単純標高差	約 260m
歩行時間の目安	約 2 時間 50 分
緯度経度（スタート地点）	33 度 24 分 0.45 秒 130 度 25 分 4.95 秒
MAPCODE®	37 815 398*37

■参考タイム

七曲峠～ 25 分～南の展望地～ 35 分～道標 209 ～ 20 分～三領界峠～ 10 分～～石谷山～ 10 分～三領界峠～15 分～道標 209～30 分～南の展望地～ 25 分～七曲峠（往路＝1 時間 30 分／復路＝1 時間 20 分）

■関係市町村

みやき町企画調整課＝0942（89）1655
那珂川市地域づくり課＝092（408）8729

28 御手洗ノ滝から石谷山（往復）

滝と沢と美しい樹林が魅力、心に響く森歩きを堪能する

＊山深いが、ビギナーでもOK！

御手洗ノ滝は、佐賀県鳥栖市立石町の山麓にある。滝の高さは22メートル。滝の周囲は真夏でもひんやり涼しく、落ちた水は岩を穿ち、一条の清流となって沢を形作っている。夏場は滝の下部にキャンプ場が開かれ、涼を求める大勢の人とともに賑わう。この御手洗ノ滝から石谷山へ登るルートを案内しよう。

県道31号、立石の交差点から山に向かって道なりに北上すると、右手に駐車場、トイレ、案内板が見えてくる。案内板には「脊振北山県立自然公園石谷山登山口」とある。向かい側は夏に開設される河川プール。

ここに駐車して歩き始めてもいいが、林道をさらに上った所にある御手洗ノ滝の駐車場からスタートしよう。ただし、河川プールから先は、舗装路ながら道幅が若干狭い。

準備を済ませたら、涼やかな音を立てて流れる沢を右手に見ながら遊歩道を北上する。右手に東屋が見えてきたら、四辻に出合う。右は散策路。左は御手洗ノ滝の上部に出る迂回路。ここは橋を渡って直進し、まずは御手洗ノ滝を目指す。

渓谷の左岸（上流から見て左）につけられた遊歩道は西へカーブを描きながら続き、途中で二ノ滝への道を分ける。鬱蒼とした照葉樹に包まれた道で、深山幽谷の雰囲気を味わえる。

道脇に石仏を見るころ、前方に水しぶきを上げて落ちる御手洗ノ滝が見えてくる。佐賀県の観光情報ポータルサイトによれば、室町時代からの霊場だったそうで、滝の名は修験者がこの滝に立ち寄って手を洗い、身を清めた伝説にちなむという。

滝壺の前に架かる橋の上から滝を眺めながら、ひと息入れよう。右岸の石の階段を登れば大日如来が祀られた岩窟がある。

滝見を終えたら右手に並ぶ石仏の前を通り、急な階段に取りつく。ここから滝の上部に出るまで距離は短いが、胸突き八丁の急登で息が上がる。数回ターンして傾斜が緩むと、間もなく迂回路に合流する。

緩く下り、ヒノキ林の浅い谷間に出て進むと最初の渡渉点がある。その手前で道は二手に分かれるが、どちらを取っても渡渉点の前で合流する。右のほうが歩きやすい。

御手洗ノ滝の駐車場。トイレのほか、石谷山～九千部山のルート案内図がある。

鬱蒼と茂る照葉樹林の中、沢の左岸に石畳ふうの道が御手洗ノ滝へ導いてくれる。

東屋のある四辻。直進して橋を渡り、キャンプ場へ入る。

御手洗ノ滝の下部に並ぶ石仏。この前を通り、急登に取りつく。

御手洗ノ滝。夏場はたくさんの納涼客で賑わう。

滝上部の合流点から緩く下り、ヒノキ林の浅い谷間を北西へたどる。

最初の渡渉点。増水時は要注意。

三番目の渡渉点付近から振り返る。美しい樹林の中にしっかり踏まれた登山道が続く。

この先は、渡渉を繰り返しながら沢に沿って詰めてゆく。三度目の渡渉点辺りから自然林に変わり（一部スギ林あり）、山頂まで心地よい森歩きが満喫できる。沢と森が奏でるハーモニーは格別で、心和む場所と何度も出合う。ゆっくりのんびり歩を進めよう。

六度目の渡渉のあと、尾根に取りついて緩く登ると、巨岩に遭遇する。特に名前や由来はないようだが、森の中に忽然と現れる様子とその大きさに多くの人が自然の底力を感じるのではなかろうか。

その先、ひと上りで石谷山の南山腹を巻く林道に飛び出し、横切って浅い谷間へ。東屋を右手に見て登ること数分で尾根に乗り、右手に雲野尾峠からの道を合わせる。標高580メートル地点で、この先に約100メートルの上りが待っている。傾斜はさほど急ではないが、だらだらと続く。

それが終わればアカガシの大木が点在する森を緩く登って山頂に達する。古いテーブルとベンチの奥に三等三角点と山頂標識がある。樹林に包まれて展望はまったくないものの、何度訪れても静かで居心地のいい空間である。

復路は往路を忠実に戻り、御手洗ノ滝上部の合流点から右を取って迂回路をたどる。歩く人はさほど多くないようで若干荒れた雰囲気が漂っているが、15分ほどで東屋のある四辻に出る。

山行アドバイス

①ヒノキやスギの植林帯はあるものの、森の美しさは格別。静かな森林浴が楽しめるルートである。夏は沢沿い歩きで涼しく、冬は照葉樹林が風をさえぎって暖かいのもいい。

②登山道、道標ともにしっかりしており、安心して歩ける。強いて挙げれば、御手洗ノ滝からの上りは急。また、山頂直下にややトレースの薄い部分がある。

③河川プールから歩く場合は、往路20分、復路15分見ておけばよい。

忽然と姿を表す巨岩。その大きさに圧倒される。誰のいたずらか、支えの棒っ切れが面白い。

石谷山の南中腹を巻く林道。右手に見える道標から登ってくる。

登山道の周辺に点在するアカガシ。山頂が近くなると、アカガシのほかにミヤマシキミやハイノキが目立ち始める。

石谷山山頂は樹林に包まれた平坦な小広場。展望はまったく利かないが、静かで居心地がいい。

御手洗ノ滝上部の合流点。復路はここから右を取って迂回路へ入る。

山行データ

標高	石谷山＝754.1m
単純標高差	約 550m
歩行時間の目安	約 3 時間 10 分
緯度経度（スタート地点）	33 度 22 分 52.50 秒 130 度 27 分 17.97 秒
MAPCODE®	37 759 448*12

■参考タイム

御手洗ノ滝駐車場～ 20 分～御手洗ノ滝～ 15 分～渡渉 1 ～ 20 分～渡渉 3 ～ 25 分～未舗装林道出合い～ 30 分～石谷山～ 20 分～林道出合い～ 20 分～渡渉 3 ～ 15 分～渡渉 1 ～ 25 分～御手洗ノ滝駐車場（往路＝1 時間 50 分／復路 1 時間 20 分）

■関係市町村

鳥栖市商工振興課＝0942（85）3605

29 グリーンピアなかがわから九千部山（周回）

＊ビギナーでも歩ける

春は花、秋は紅葉、見所多数の王道ルートをゆく

福岡県那珂川市と佐賀県鳥栖市の境に鎮座する九千部山。登山口は複数あるが、初めて登る場合は、那珂川市のグリーンピアなかがわからが分かりやすい。

同施設の入り口ゲート付近に数台分の駐車スペースがあり、そのすぐ脇に桜谷遊歩道入り口がある。かつてはここから取りついていたが、２０１８年７月の豪雨によって沢に土石流が走り、登山道はあちこちで崩壊した。山慣れした人が慎重に歩くぶんには問題ないが、見上げるほど長く続く階段もある。

よって、車でグリーンピアなかがわのスキップ広場駐車場まで上ってスタートすることをおすすめする。ただし、同施設の営業時間に注意。閉園時間をすぎると車を出せなくなる。営業時間は季節によって異なるため、事前にホームページで確認しておくと安心だ。

駐車場の左奥に進み、さらにもう一段登り上がった所が本格的な登山道の取りつきである。歩き始めはスギ林が続き、渡渉点では樹冠から差し込む光に輝く桜谷川の渓谷美を楽しめる。比較的緩い上りが続くものの、この沢沿いも前述の豪雨の際に大きく崩れた箇所がある。ロープが設置されて登山は可能だが、一部不安定な区間もある。十分注意してほしい。

標高を上げるにつれて周囲は植林から自然林に変わり、春の登山道は花に彩られる。ちなみに春に見られる野草は、サバノオ、ジロボウエンゴサク、タチツボスミレのほか、チャルメルソウ類、ネコノメソウ類など。また、秋は木々が朱に染まり、あざやかな紅葉も楽しめる。季節を変えて歩くとよかろう。

登山道には山頂までの距離を示す道標が要所に立っている。なだらかだった道は九千部山頂２・０キロの道標辺りから徐々に傾斜を増し、１・７キロから一番の頑張りどころになる。

喘ぐような急傾斜を登ったら、１・５キロの道標付近にある水場でひと息入れよう。そのあと、もうひと踏ん張りして１・２キロの道標をすぎれば、あとは緩やかな尾根道に変わる。その先、舗装林道に出合えば山頂は間近。右を取って舗装林道をたどり、左に急カーブして終点にある無線中継基地局の右脇を抜けた先が山頂である。

草付きの山頂は、広くて見晴らし抜群。木造の展望台に立てば、３６０度の大パノラマが広がる。福岡市街や佐賀平野はもちろん、空気が澄んだ日には雲仙普賢岳やくじゅう連山まで見渡せる。

それもそのはず、九千部山はかつて「三前三後が見渡せる山」といわれていたそうである。三前三後とは、

グリーンピアなかがわのゲート。桜谷ルートの取りつきは左手奥にあるが、崩壊箇所があり、ベテラン向き。

スキップ広場の駐車場奥にある取りつき点。

桜谷ルートの秋景色。標高を上げるにつれて所々で紅葉が楽しめる。

九千部山頂 1.7 キロの道標からルート一番のきつい上りが始まる。心してかかろう。

歩き始めの桜谷ルートは美しい渓谷をたどる。

豪雨災害によって崩壊した登山道。ロープが渡してあり、慎重に歩けば特に問題はない。

豊前、筑前、肥前、豊後、筑後、肥後を指し、現在の福岡、佐賀、長崎、大分、熊本県に相当する。要するに北部九州を一望する大展望の山というわけだ。

そんな大きな展望を心ゆくまで楽しんだら、復路は石谷山方面へ10分ほど進み、うるしが谷遊歩道を下って

うるしが谷遊歩道の踏み跡はこれ以上ないほど明瞭だ。下り始めの落葉樹帯には野草も多い。ただし、林道によって所々寸断されている。

九千部山山頂には木製の展望台がある。この上に立てば、三前三後が見渡せる。

うるしが谷遊歩道分岐から右を取る。

周回しよう。名前とは裏腹に実際は尾根道で、トレースは明瞭で歩きやすい。ただし、林道によって寸断されており、接続が少し分かりにくい所がある。目印を確認しながら下ろう。

特筆すべきは、思いのほか野草が多いこと。とりわけ春は、エイザンスミレ、ヤマルリソウ、ハルリンドウなどが登山道を飾る。これだけでも一見の価値あり。基本的に植林が多く、足早に下ってしまいそうになるが、足下を観察しながらのんびり歩くといい。

ルートの終盤に出合う分岐は右を取る。左は桑河内への道で、五ケ山ダム建設に伴って新設された車道のそばに出る。間違って左を取ると、スタート地点まで延々と車道を歩くはめになる。注意しよう。右を取って下り、グリーンピアなかがわの施設内に入れば、スキップ広場はもうすぐそこである。

山行アドバイス

①登山道、道標ともによく整備されているが、桜谷の豪雨災害による崩壊地付近は十分に注意のこと。
②うるしが谷遊歩道とグリーンピアなかがわの境界にはイノシシ侵入防止のゲートがある。通過する際には閉め忘れないように。
③グリーンピアなかがわの開園時間は9時30分〜17時。休園日は毎週木曜日（夏休み期間は無休）、冬季（12月〜2月）は終日休園。変更になることもある。事前に確認のこと。スキップ広場の駐車場は無料実験中。

グリーンピア側から見た桑河内分岐。標高 500 メートル地点で出合う。ここは右を取る。

春のうるしが谷遊歩道を彩るエイザンスミレ。この花だけでも一見の価値あり。花期は４月初旬。

グリーンピアなかがわから九千部山

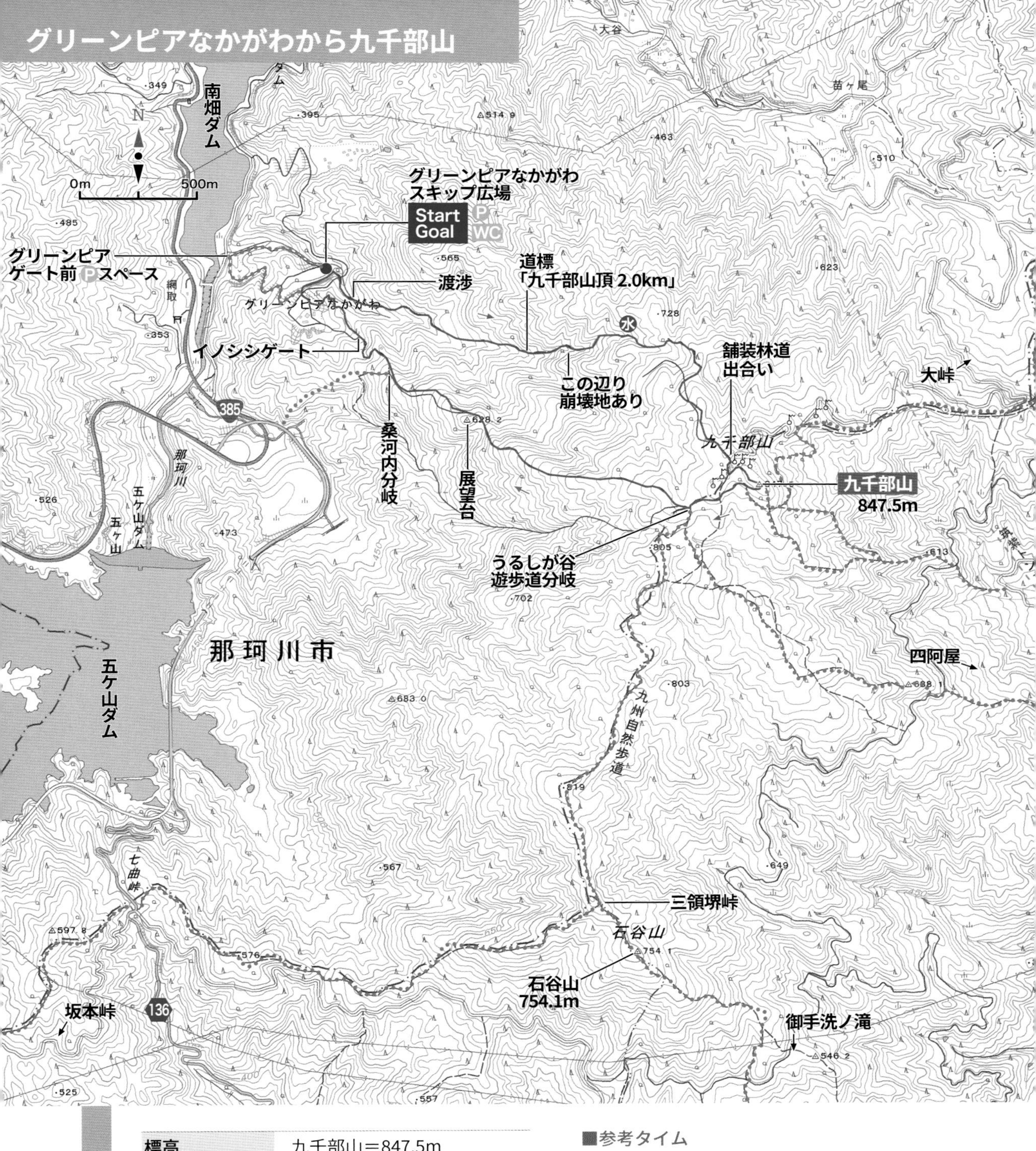

山行データ

標高	九千部山＝847.5m
単純標高差	約 495m
歩行時間の目安	約 3 時間 10 分
緯度経度（スタート地点）	33 度 25 分 30.61 秒 130 度 25 分 35.15 秒
MAPCODE®	419 006 521*35

■参考タイム
スキップ広場駐車場～ 70 分～水場～ 25 分～舗装林道出合い～ 5 分～九千部山～ 10 分～うるしが谷遊歩道分岐～ 70 分～スキップ広場入り口（イノシシ止めの柵）～ 10 分～スキップ広場駐車場（往路＝1 時間 40 分／復路＝1 時間 30 分）

■関係市町村
那珂川市地域づくり課＝092（408）8729

＊ビギナーでも特に問題なし

九千部山への最短ルートもアップダウンあり！

大峠は九千部山の北東に位置し、佐賀県鳥栖市と福岡県那珂川市を結んでいる。山深いエリアにもかかわらず、峠を通る峰越林道大河内線は完全舗装。どちら側からのアプローチも普通車でOKである。

取りつき点の標高は約545メートルで、九千部山との単純標高差は約300メートルほどだ。距離的にも、ここから入山すれば最短で九千部山の頂に立つことができる。ただし、思いのほかアップダウンがある。その点を頭に入れてスタートしよう。

九州自然歩道の案内板を左手に見て、石で組まれたステップを登るとすぐに稜線に乗り、しばらくはなだらかな上りが続く。トレースは幅広く明瞭。要所に九州自然歩道の道標があり、迷う所はない。

植生は最初だけ照葉樹林で、間もなくスギやヒノキの植林に変わる。佐賀県側、福岡県側ともに植林が稜線ぎりぎりまで迫っており、自然林はたまに出合う程度。それが山頂の手前辺りまで続く。アカガシやタブノキの大木が点在していることが救いである。

歩き始めて20分ほどで最初のランドマークに遭遇する。左手に鳥栖市民の森からのルートを合わせる地点で、登山道はここで南から西へ急カーブする。そして、すぐ先で山頂に通じる車道に最接近する。

この辺りからアップダウンが始まり、じわじわと高度を上げてゆく。鈍いピークを乗っ越して下り、アオキのトンネルをくぐって緩く登ると左手におにぎり型をした大岩を見る。これが二つめのランドマーク。

大岩の脇を抜けるとわずかに頭上が開け、灌木（かんぼく）の茂る上りに差しかかるが、長くは続かない。再び右手に植林を見て平らな道から緩い上りをたどり、ほどなくして反射板跡に出合う。

その先、登山道が一部崩壊している所があって、通行止め。ここはいったん右手の車道に出る。そのまま車道を登っても山頂に至るが、途中に崩壊地を迂回する谷道入り口がある。道標はなく、テープが目印だ。車道に出たら、左手をゆっくり見て歩こう。

ただし、この道はいったん尾根を40メートルほど急降下して谷に下り、再び約50メートル登り返す。急登

佐賀県側にある大峠の駐車スペース。カーブ付近だけにマナーを守って駐車しよう。

取りつき点には、九千部山を示す道標と九州自然歩道の大きな案内板が立っている。

稜線歩きだけに登山道は明瞭だ。ただし、やや荒れた雰囲気が漂う所もある。

自然林に包まれた九千部山山頂を展望台から見下ろす。テーブル、ベンチがあってのんびりできる。

鳥栖市民の森から上がってきた登山道と合流する。ここで急カーブして進路を西へ変える。

おにぎりの形をした大岩の脇をすり抜ける。これといって目立つものがない稜線においてランドマークの一つになる。

というわけではないが、だらだらと続き、けっこうきつい。とはいえ、車道も上りだから、往路くらいは山道を歩きたいものだ。

傾斜が緩むとトラバース道に変わり、山頂東直下の尾根を巻いて進む。途中に二つある分岐でいずれも右を取れば、ひと上りで山頂の広場に飛び出す。

車道が通じ、無線中継基地局をはじめとした建造物が目立つ九千部山山頂では

憩いの広場といった趣の九千部山山頂。二等三角点は展望台の裏側にある。

春先の山頂を彩るアブラチャンの黄色い花。

車道にある谷道入り口。道標はなく、このテープが目印だ。

車道から左を取り、尾根を急降下する。

いったん谷に下りたあと登り返し、分岐を二つ見ると、山頂直下の緩い上りが待っている。

あるが、テーブルとベンチのある草付きの広場は季節を問わず心地よい。周囲は自然林で草花も多く、秋には紅葉も楽しめる。

また、木造の展望台に登れば、文字通り３６０度の胸のすく眺望が広がっている。設置された山座同定盤を頼りに四方の山々の名前を確認するのも楽しい。

時間に余裕があれば、縦走路（九州自然歩道）を南進して石谷山を目指すのもいい。自然林に包まれた道はアップダウンも少なく、快適に歩ける。ただし、片道所用45分くらい見ておく必要がある。

復路は、展望台の裏手に回り、二等三角点を見て車道に出る。すぐの三差路は右を取って急カーブ。そのまま車道を下り、谷道入り口の先から往路に歩いた登山道に入ろう。

山行アドバイス

①大峠へのアプローチは普通車でも問題ない。カーブは多いが、完全舗装で幅員もある。駐車は林道脇と取りつき点の前にスペースがある。トイレは山頂にあるが、あまりきれいとは言えない。できれば、途中で済ませておこう。

②トレースは明瞭で、迷いやすい所はない。全体にアップダウンはあるが、いずれも長くは続かない。きついのは谷へ下って登り返す地点くらいである。復路は、山頂から車道に出て、谷道入り口の先まで車道を下るほうがいい。

山行データ

標高	九千部山＝847.5m
単純標高差	約 300m
歩行時間の目安	約 2 時間 20 分
緯度経度 （スタート地点）	33 度 25 分 35.11 秒 130 度 27 分 35.31 秒
MAPCODE®	419 010 701*48

■参考タイム
大峠～ 20 分～鳥栖市民の森分岐～15 分～大岩～ 20 分～谷道入り口～ 25 分～九千部山～ 15 分～谷道入り口～ 25 分～鳥栖市民の森分岐～20分～大峠（往路＝1時間20分／復路＝1時間）

■関係市町村
鳥栖市商工振興課＝0942（85）3605
那珂川市地域づくり課＝092（408）8729

あとがきに代えて

一滴の水の重さ

水は、生きとし生けるもののすべてにとっての命の源である。そして、山は水を育む所。それ一つをとっても、私たちは山の恵みに大きく依存している。だから、ときには一滴の水に思いを馳せるのも悪くない。

山に降った雨は葉から幹を伝って地面に落ち、腐葉土に濾過されつつ大地へ沁み込んでゆく。それらは長い時間をかけて地下の水脈と出合い、やがてその一部が地表に湧き出る。源頭部の苔むした岩の隙間から滲む一滴の水がそれである。

一滴は一滴にすぎず、か細く弱々しいけれど、集まればひと筋の流れとなる。あるとき、それらは再び降った雨の力を借りて勢いを増し、岩を穿って渓を成し、滝を滑り、淵を刻み、瀬を走って沢となる。

沢はまた幾つもの水流を集め、平地に至って川となり、長い旅路の果てに海へ注ぐ。海が湛える水は水蒸気となって空に昇り、冷やされて雲へと姿を変える。雲は風に流され、山にぶつかって雨を降らせる。

一滴の水をめぐる長く果てない輪廻の物語。私たちはこの循環の中で生かされている。一滴の水の重みと言い換えてもよい。

そうした事実に眼を開くとき、日常的に眺めている脊振山系の山々が違った相貌で立ち現れ、単に昔からそこにある風景というだけに留まらず、日々の暮らしと密接に関わっていることを知る。たとえば、雷山。この山におわすのは、水をもたらす雷神である。

実際、脊振山系を歩けば、いやがうえにも豊かな水を意識せざるを得ない。豪快に流れ落ちる滝、ほとばしる清流。それは、稜線を別にすれば、登山道の多くが沢伝いについていることと関係している。この山系の特徴の一つである。

見方を変えれば、沢伝いの道は、移動手段が徒歩しかなかった古い時代からある道とも言える。というのも、東西約70キロに及ぶ長大な山系だけに山の向こう側へ行くには、迂回するより沢を詰め上げて峠に出るほうが合理的だから。今、私たちはそんな古道を登山道として歩かせてもらっている。

いまひとつ、水の豊かさは植生とも関係が深い。稜線上に風情ある貴重な森を形作るブナとミヤコザサ、花のトンネルを成すコバノミツバツツジ、登山道の脇でこぼれるように花を咲かせる野草たち。豊かな水はこうしたことにも深く寄与しているはずだ。

本書は、豊かな水と多種多様な植生が織り成す脊振山系というかけがえのない世界へもっと多くの人に足を運んでほしいと願って編んだ。当初は、ありとあらゆる道を取り上げるつもりでいたが、一部のマニアックな人向きの、危険を伴い、道迷いが多発しそうなマイナールートは割愛し、山系の魅力を知るに足る主要な30ルートに絞った。

残念なのは、山系の東端に当たる基山である。2018年7月6日の西日本豪雨によって、メインの登山口である水門跡周辺が甚大なる被害をこうむってしまった。まだ復旧途上で、割愛せざるを得なかった。一日も早くかつての姿を取り戻すことを祈る次第である。なお、登山道自体は被災を免れている。JR原田駅やスキー場側からアプローチして登っていただければと思う。

さて、長々と書いてきたが、本書を読んでくれたみなさんに脊振山系の魅力が幾ばくかでも伝わり、もっと歩いてみようと思っていただけたならば、望外の喜びである。

自分の足で何度も歩いてみなければ分からない。だから、山は面白いのである。

（2020年4月5日）

■編者＝チーム・N

チーム・N は、山に登り、森を歩く中で自然の大切さを考えている九州人の集まりです。「N」は自然を表す nature を意味しています。本書の取材・執筆・編集については、主に以下のメンバーが担当しました。

・中村真悟（なかむら・しんご）

1957 年、福岡県飯塚市生まれ。職業は編集一筋。関わったメディアは多数。2001 年に九州初の山雑誌、季刊「GREEN WALK」を創刊し、11 年間編集長を務める。その後、季刊「のぼろ」の創刊に関わる。現在はフリーのネイチャーライター。

・岩永正朗（いわなが・まさお）

1978年、長崎市生まれ。学生時代から野山に親しみ、屋久島を訪れたことをきっかけに登山ガイドの世界へ。登山ガイドオフィス「山歩舎」を運営し、個人登山・ツアー登山のガイド、アウトドアイベント・講座の開催、山岳記事の編集・執筆を行っている。日本山岳ガイド協会認定登山ガイド。くじゅうネイチャーガイドクラブ所属。

＊Special thanks

本書の制作にあたっては、阿部武敏さん、河野綾子さん、小西友恵さん、成松妙子さん、古賀克則さんにお世話になりました。心より御礼申し上げます。

脊振山系徹底踏査！（せふりさんけいてっていとうさ）

2020 年 5 月 18 日　第 1 刷発行

編　者　チーム・N
発行者　杉本雅子
発行所　有限会社海鳥社
〒812-0023　福岡市博多区奈良屋町 13 番 4 号
電話 092-272-0120　FAX092-272-0121
印刷・製本　モリモト印刷株式会社
ISBN978-4-86656-071-7
http://www.kaichosha-f.co.jp
［定価は表紙カバーに表示］

＊本書掲載の地図は、国土地理院の電子地形図を使用しています。